実戦マーケティング論入門

HSU

INTRODUCTION TO PRACTICAL MARKETING THEORY

経営を成功に導くための市場戦略

Ryuho Okawa
大川隆法

まえがき

「マーケティング」という言葉を耳にしたことのある人は多いだろう。ビジネスの現場に身を置いたことのある人ならば、まず知らないということはなかろう。

ただ役所型の組織に勤める人には、わからない、という人もいるだろう。例えば、消防署の職員が、お客様のニーズを高めるために放火して歩くというわけにはいかない。

かつての国営企業は、民営化しても、まだまだという場合もある。新幹線なら東京―宇都宮間に車内販売がくることはグリーン車でもまずない。仙台まで乗るとやってくる。ということでお客さんは東京駅構内ですでにコーヒーを買い求めている。

大企業でも、管理部門が大きいと「マーケティング」のわからない人が増える。例えば経理部門は、経費節減に励《はげ》んでも、営業の売上曲線との関連がわからなくなる。また社員数一万人を超えると営業部門でも予算が天から降ってくると思っている人が多い。

それでは「実戦マーケティング」とは何か。まずは本書をお読み頂きたい。

二〇一五年　三月十八日

幸福《こうふく》の科学《かがく》グループ創始者兼総裁《そうししゃけんそうさい》

HSU（ハッピー・サイエンス・ユニバーシティ）創立者《そうりつしゃ》　大川隆法《おおかわりゅうほう》

実戦マーケティング論入門　目次

第1章　実戦マーケティング論入門

二〇一四年十月十三日　説法《せっぽう》
東京都・幸福の科学　教祖殿《きょうそでん》　大悟館《たいごかん》にて

第2章　質疑応答

二〇一四年十月十三日
東京都・幸福の科学 教祖殿 大悟館にて

第1章

実戦マーケティング論入門

二〇一四年十月十三日　説法《せっぽう》

東京都・幸福の科学　教祖殿《きょうそでん》　大悟館《たいごかん》にて

1 「机上《きじょう》の空論」では分からない経済の仕組み

インスピレーショナブルではないマーケティングの本

本日の法話《ほうわ》は、「実戦マーケティング論入門」と題しました。ただ、「マーケティング」という言葉は、聞いたことはあっても、なかなかピンとこないというか、定義しにくいものではないかと思うのです。

また、マーケティングについての教科書類、テキスト類もかなりあるのですが、どれを読んでもピンときません。これは、まことに不思議な感じです。

私は、経済や経営の勉強をそうとしているほうだと思いますけれども、かなり厚いマーケティングの教科書等を読んでみても、たくさんの内容が書いてあるにもかかわらず、「もうひとつ、ピンとこない」というか、「インスピレーショナブルではない」のです。

普通《ふつう》であれば、本を読んでいると、いろいろとヒントが見つかったり、インスピレーションが降りてくる感じで考えついたりすることがたくさんあるのですが、マーケティングの本では、そうしたことがあまりありません。

このあたりは、「おかしいな。なぜだろう」と思いつつも、十分には分からないところなのですが、もしかしたら学問的にやりすぎて、いわゆる「机上《きじょう》の空論」風になっているのではないかという気はします。

おそらく、いろいろな人が述べていることをまとめて、本にはしているけれども、書いている本人自身は、現実のマーケティングというものをしていないのでしょう。それでピンとこないのではないかと思うのです。詳《くわ》しく調べていないので分かりませんが、どうしても、そういう感じがします。

「会社法」を読んでも、「会社」が分からない理由

実は、私は、〝この感じ〟をほかにも経験したことがあります。

大学生の当時、法学部だった私は、取らなくてもいい「商法」も勉強しました。「商法」の教科書は、大きく、「会社法」と「手形《てがた》・小切手《こぎって》法」の二つに分かれており、「会社法」の教科書は、一冊丸ごと、会社について書いてあるものであることは間違《まちが》いありません。

しかし、会社について、法律的な面から書いてあるにもかかわらず、最初から最後まで読み終わったあと、「ところで、会社とは何なのだろう」と考えたときに、それが分からないのです。

会社に関する法律やそれについての解説、さらには、会社のいろいろな規約や規則、運営方法のようなものが書いてあるのですが、読み終わったあと、「それ

で、会社とは何をするところなのか」ということはさっぱり分かりません。何回読んでも分からないのです。

ただ、答案は書けます。教科書に書いてある内容を覚えて、テーマに合ったことを、それらしく書けばよいからです。しかし、そのようにして、きちんと単位を取り、卒業していますが、「『会社法』の教科書を読んでも、会社のことは分からない」という感じだけは、はっきりと覚えています。

結局、「会社法」という法律について書かれた、数百ページある教科書を何回か読み、答案も書いたわけですが、特に分からなかったのは、「実務」や「書類業務」などの意味でした。いろいろ書いてあるのですが分からないのです。

やはり、実際にしたことのない者にとっては、「実務とは、どのようなものなのか」「書類業務とは、どのようなものなのか」が分かりません。学生のときには、その書類なるものを見たことがなかったために、「書類とは、何なのだろう」

となるわけです。

ただ、教えている先生も、法学部を出て大学院を出たあと、そのまま大学の先生になっており、会社に勤めた経験がないため、おそらく、そのあたりについては説明ができないのでしょう。教科書に書いてあるとおりの抽象的《ちゅうしょう》で論理的な文章を、そのまま読み上げているような感じの講義をしていました。

それでは、教科書を読み終わったところで、会社の概念《がいねん》も分からなければ、「会社とは、このようにすべきものだ」ということも分からないでしょう。「定款《ていかん》がどうのこうの」「役員の規定がどうのこうの」「株主総会をするときにはどうのこうの」と、規定がたくさん出てきますし、「法律の何条に書いてある」というようなことが出てくるのですが、どうしても、「何のためにやっているのか」ということがピンときませんでした。

しかし、そのままで卒業したので、「〝不正卒業〟をしてしまった」というような感触《かんしょく》が残っています。

実感を持って分からなかった「手形《てがた》・小切手《こぎって》法」の授業

また、もう一つの「手形《てがた》・小切手《こぎって》法」には、名著で有名だった旧《ふる》い教科書が使われていました。それは、私の学生時代より二十数年も前、つまり、私が生まれるころに書かれたような本ではないかと思うのですけれども、それが名著ということで、いろいろな試験のメインテキストとして、よく使われるということもあって、授業でも用いられていたし、私も読んでいたのです。私が生まれたころに書かれた本だったと思うので、おそらく、私を教えていた先生の先生に当たるような人が書いた本でしょう。

ところが、その「手形・小切手法」の教科書をいくら読んでも、「手形・小切手」というものが見えてこないため、分からないのです。

もちろん、手形についても、いろいろな理論はたくさん出てくるので、「手形が輾転《てんてん》流通していくことによって、経済が大きくなっていく」という感じは何となく分かりはします。

例えば、「一千万円の手形を受け取り、それに裏書《うらがき》をして移っていくと、この一千万円が、二千万円、三千万円になり、信用ができて……」とか、「裏書をしたら、これが効力を発揮する」とかいうことは、読めば何となく分かるのです。

あるいは、小切手法について読むと、「『小切手法』というものがあり、小切手を切って、このように使う」などということが書いてはあるわけです。

それを何回も読み、いちおう、理屈《りくつ》として内容的なものは覚えて答案を書くことで、きちんと単位を取って卒業はしたのですが、結局、何も分からないうちに単位を取って卒業したので、まことに〝申し訳ない〟感じでした。

ところが、その先生は、「実は自分も、手形や小切手を見たことがないのだ」

と言っていたので、「これはひどい！」と思った覚えがあります。実物を見たことがない人が講義をしているというので、「それはないでしょう」と思いました。やはり、そういう人が講義しても、ものの見事に分かりません。

その先生が、たとえ話として、「このように使った」などということを話してくれれば、少しは実感を持って分かるのですが、「見たことがない」と自信を持って言っていたわけです。

ただ、これでも東大の教授なのです。手形や小切手を見たことのない人が、「手形・小切手法の権威《けんい》」として教えているのです。また、その人は、司法試験の委員もしていましたから、どのような採点かは分からないものの、採点もしていたわけです。

ともかく、私は分かった気がしませんでしたが、不思議なことに、きちんと単位を取って卒業はできたのです。

会社へ入って実際に経験した「手形と小切手」

その後、会社へ入ると、外国為替《かわせ》ではありませんでしたが、いちおう、手形というものがありました。

これは、普通の手形とは違うものです。通常は、「手形を振《ふ》り出して、お金を借りる」というかたちの手形なのですが、私がやっていた外国為替は、逆手形というか、お金を請求《せいきゅう》するほうの手形でした。

要するに、請求額を打った手形を出して、その手形に書類を付けて送り、向こうに商品の代金を振り込《こ》ませるという「逆手形」というものです。

実際に、自分で手形の内容になる原稿《げんこう》のようなものを書き、当時は、まだキーパンチャーがいたので、それを打ってもらって、私がそれをチェックし、書類も整備して出していました。

ドルでやったりもしていたため、しばらくはピンとこなかったのですが、「考えてみれば、これは手形だよな」と思ったのです。しかし、学校で教わった手形についての知識は何の役にも立たず、まったくつながってきませんでした。「そういえば、『裏書』について習った記憶《きおく》があるけれども、考えてみれば、確かに、後ろに判子《はんこ》のようなものが押《お》してあったり、銀行のサインがあったり、いろいろするな」などと思ったわけです。これが、学生のときはどうもピンとこなかったのです。ただ、分からないまま、「裏書をして、手形を流通させる」などということを答案に書いていた覚えがあります。

小切手による信用経済が定着しているアメリカ

さらに、ニューヨーク勤務になり、アメリカへ行ってみると、誰《だれ》でも小切手を使っていたので、ショックを受けました。「ええっ？　嘘《うそ》でしょう？」という感じです。

小切手というのは、ヤギひげを生《は》やして、眼鏡《めがね》をかけ、シルクハットを被《かぶ》って杖《つえ》をついたような大金持ちのおじいさんか、あるいは、会社の社長や会長ぐらいが書けば、信用してもらえるものなのだと思っていたのですが、普通の社員でも小切手を使っていました。

それから、アメリカでは、「二十ドル以上の現金を持つな」と言われたこともショックでした。「なぜ、二十ドル以上持ってはいけないのか。現金がいちばん確実ではないか」と思ったのですが、「現金を持っていると、強盗《ごうとう》に頭をコツンと殴《なぐ》られ、盗《と》られて逃《に》げられるから、持っていないのがいちばんだ。盗られるとしても、二十ドルで被害《ひがい》を最小に止《と》めるべきだ」というわけです。

ただ、二十ドルでは物が買えないことがあって困ります。今であれば、二十ドルは二千円ぐらいでしょうけれども、当時としても、せいぜい、五千円か六千円ぐらいのものでした。社会人にもなって、財布《さいふ》に五千円札一枚ぐらいしか入っていないようでは、「飲みに行こうか」と言われても、危なくて行けないでしょう。この程度では無理で、何万円かぐらい持っていないと、さすがに行けません。ですから私は、「ええ? 二十ドルでいいのですか?」と驚《おどろ》いたのですが、「いや、あとは小切手を切るのだ」ということでした。

小切手であれば、盗《ぬす》まれたところで、ただの紙切れですから使えません。使うためには、本人のサインが要《い》るからです。

小切手帳の上のほうには、銀行から受け取ったときに、あらかじめ、自分のサインを書いておきます。そして、小切手を切るときには、それとまったく同じサインを書き、金額を書くわけです。それをビリッと破って渡《わた》せば、現金と同じ効果があるので、お店の人などが、「サインが同じかどうか」だけを確認し、同じであれば現金と見なして物を売ってくれるので、まさに「信用経済」でしょう。

ただし、日本人の場合、サインを英語で書くと、まねをされる恐《おそ》れがありますが、漢字で書けば、東洋人以外にはまねできないので、「漢字で書いたほうがよい」などと言われています。

私も、トラベラーズチェックなどは、そうしていましたが、さすがに、小切手には漢字で書かず、英語でサインしていました。他の人がまねできないようなサインをつくり出せばよいわけですから、英語でサインを書いていたのです。

経済的なものは、実際に体験するとよく分かる

そのように、アメリカでは、「これが小切手というものか」ということを経験できましたが、日本へ帰ってきてからは経験していません。

以前、当会の信者で、証券会社の副社長か役員をしている方から、「小切手ぐらい切ったほうがいいですよ。手形や小切手ぐらい使わないと、信用がつきませ

んよ」というようなことを言われ、勧《すす》められたことがあるのですが、使ったことはないのです。

日本では、小切手などを切ったとしても、本当に商品を売ってくれるかどうか分からないでしょう。もし、小切手を渡しても、相手は、「これは本物ですか」などと言って、どうしたらよいか分からないかもしれません。日本の場合は現金のほうがよく、カードにしても、カード会社があるから信用してくれるのです。

一方、アメリカの場合は、小切手をいろいろなところで切って払《はら》えば、「本当に大丈夫《だいじょうぶ》かな。こんな紙切れで信用できるのかな」と思っても、一カ月ぐらいたち、月末になると、自分の切った小切手が一カ所に集まり、銀行から全部まとめて、郵送で家に送られてきます。そのなかには、小切手の束と明細書が入っているので、この二つを突《つ》き合わせてチェックし、「全部、自分が使ったものだった」という確認ができるわけです。

ただし、銀行に残高があれば、小切手帳をくれるのですが、残高がないのに小切手を切り、アンペイド（不払《ふばら》い）を二回出した場合、〝指名手配〟になります。あらゆる銀行に名前が行き渡り、「この人には小切手帳を渡さない」ということになるので、要するに、小切手を切れなくなるのです。

やはり、いろいろな人がいて、真面目《まじめ》なビジネスマンもいれば、怪《あや》しげな人もいるとは思うのですが、たまたまキャッシュ（現金）があって銀行にアカウント（口座）を開き、小切手帳をもらえたら、それで信用がつくわけです。

ところが、二回〝アウト〟になった場合には、犯罪人のような扱《あつか》いになり、二度と使えなくなるのです。そういう意味では、「信用経済って本当にあるんだな」と、つくづく感じたことを覚えています。

このように、経済的なものというのは、実際に体験してみるとよく分かるのです。

実物を見ないで理論だけを読むことの「虚《むな》しさ」

前述した、昭和三十年の初めぐらいに、「手形・小切手法」の教科書を書いた先生が、小切手の実物を見ていたかどうかは分かりませんし、その先生が書いていた「小切手法」なるものの内容については、記憶がかなり遠くへ行ってしまって、あまり覚えてはいなかったのですが、実際に、小切手を使ってみると、「こういうものなのか」ということがよく分かったことを覚えています。

また、実物を見ないで、理論だけを延々《えんえん》と何百ページも読むことの虚《むな》しさを感じました。

それは、マーケティングの本についても同じかもしれません。

厚い本はたくさんありますし、私も実際にいろいろと事業を行《おこな》っていて、学生とは違うため、理解できないわけではないのですが、読んでもピンとこないものが多いのです。おそらく、その大多数は、書物や他人《ひと》の論文などから得た内容をもとに書かれており、実際に苦労してマーケティングをした方が書いたものではないのでしょう。

本を読んでも、ツルッとしていて分からない感じがするのは、そういうことによるのではないかと思います。

2 大学の経済学では分からない、実際の「社会の経済」

「経済とは何か」は新聞や週刊誌にも書いていない

同じような感想は、経済学を勉強したときにも持ちました。

大学で近代経済学を勉強していた際には、サミュエルソン●の本を使ったのですが、これは定評のある厚い教科書で、ときどき版が変わり、「第○版」というかたちで出てくるようなものです。実に、数学がよくできる方のようで、その本にはたくさんの数式を用いながら、いろいろ書いてあるのですけれども、読んでも読んでも、「経済とは何か」が分からないのです。そのため、「経済とは、いったい何なのか」が分からないままに勉強をしている状態でした。

●ポール・サミュエルソン（1915 ～ 2009）　アメリカの経済学者。数学を駆使した経済学を先導し、1970 年ノーベル経済学賞受賞。「近代経済学の父」とも呼ばれ、主著『経済学』はその基本的教科書として用いられた。

もちろん、試験があれば、高い点数を取れるし、単位も取れるわけです。しかし、経済学の教科書だから経済が分かるはずなのに、それを読んでも経済が分からないのです。当時は、「経済とはいったい何なのか」が、さっぱり分からなかったのです。

ところが、その後、実際にお金の出入《ではい》り、つまり、お金の支払《しはら》いが生じたり、入金があったりするかたちの仕事をすることになりました。

それで、経済新聞や、新聞の経済欄《らん》、あるいは、日本でも出ている英紙「エコノミスト」や「東洋経済」といった、経済に関する週刊誌などを読んでみたのです。最初は抽象《ちゅうしょう》的でよく分からなかったものの、いろいろなものを読むことで、概念《がいねん》を理解しようとしたことを覚えています。

すると、だんだんに意味が分かってはくるのですが、やはり、新聞を読んでも、週刊誌を読んでも、「経済とは何なのかがよく分からない」という思いはありました。

そのように、多くの学生は、経済学の教科書を読んでも、それほどスッとは分からないだろうと思います。その意味で、「経済学部卒」というのは、言っては悪いのですが、もしかしたら、まったく勉強していない可能性はあります。

私たちのころも、法学部は、暗記するものとして法律と判例の勉強があるので、そうでもなかったのですが、経済学部卒の場合は、就職の際、運動部がよく採用されていました。つまり、経済学部卒の人は、「勉強している」とは思われていなかったのです。

だいたい、〝雀荘《ジャンそう》の経済学〟〝麻雀《マージャン》経済学〟のようなものは知っていて、「得《とく》をした」「損をした」というようなことはよく分かっているものの、それ以外については分かっている感触《かんしょく》がなかったので、「経済学部を出ているからといって、経済や経営が分かるということは、まずない」という感じはありました。

また、経営学についても、大学では、「私も経営をしたことはないので、全然分かりません」という人が教えていました（『知的青春のすすめ』『「経営成功学」とは何か』〔共に幸福の科学出版刊〕参照）。

今は、銀行から講師を呼んで教えたりしているようですが、その人も分かっているかどうか、少し怪《あや》しいところがあるのは同じです。

銀行員であっても「商売」が分かるわけではない

私も、商社マン時代、三カ月ごとに、銀行に決算の説明等に行っていました。「クォーターごと」「四半期ごと」と言いますが、四月から六月末までの結果が出た七月の頭に決算説明をし、次は、九月までが終わった段階で十月頭に行《おこな》います。いちばん大きなものは年度末で、三月が終わって四月に、年度の決算報告に行くわけです。

そのときに、銀行の人が相手をして、話を聞いてくれているのですが、いろいろ説明していても、お葬式《そうしき》の読経《どきょう》を聞いているような感じで、右から左へ抜《ぬ》けているようでした。おそらく、それほど分かっていないのだろうと思います。

こちらが、いろいろな事業について、「この事業は、今こうなっています」というように説明するわけですが、「衣料品、アパレルはこうなっています。どこそこで石油を掘《ほ》ったら、こうなりました。あそこで機械の販売《はんばい》がこうなっていまして、こういう数字になりました」などと言っても、とにかく、説明が終わるまで座《すわ》って聞いているのです。

しかし、「商売とは何か」がよく分からないようで、たまたま話が脱線《だっせん》してそういう話をすると、急に、「ほうっ。そういうふうにするんですか」と、身を乗り出して聞き始めました。そのようなことは勉強したいらしく、少し、具体的な話を入れてあげると分かるようなのです。

ただ、銀行の人は、数字だけは分かっていて、表の見方は教わっているため、最終的に、「それが、赤字か黒字か。損が出ているか、得になっているか」というようなことは分かるわけです。しかし、内容についての説明は理解していないということだけは、よく分かりました。

そのため、「お互《たが》いに眠《ねむ》いけれども、〝儀式《ぎしき》〟としてやっている」という状態だったのです。

商社マン時代に経験した銀行との攻防《こうぼう》

また、いろいろな表の数字をつくっているのは私たちでしたから、つくろうと思えばどうにでもつくれるのですが、それを向こうが見破《みやぶ》れるかというと、「もらった書類をパッと見て、説明を受けただけでは、そう簡単に見破れないだろう」ということぐらいは分かっていました。

その際、もちろん、基本は誠実をもって旨《むね》とはしているのですが、決算で赤字を出すわけにはいかず、あの手この手を繰《く》り出すため、内情を知ってしまうと、さすがにゾッとするようなことはたくさんありました。

例えば、「売上をあと二百億円ほど増やしておけ」などという声が、上司から飛んでくるわけです。そのため、「二百億円をつくり出さなくてはいけない。どのようにして、売上を二百億円増やそうか。ここところが取引したことにして、グルッと資金を回すと、それだけ増える」とか、そのようなことを考えたりするわけです。

また、「このままだと赤字が出る」ということで、「有価証券を売って、売却益《ばいきゃくえき》を出し、決算を黒字にする」とか、いろいろやらなくてはいけないわけです。

しかし、これは粉飾《ふんしょく》決算ではありません。通常決算であり、どこでもやっていることです。二百億円ぐらいの売上は、伝票に課長の判子を一つもらえば立つので、簡単にできることではあるのです。

ただ、これは、私のいた会社の取り扱《あつか》っている金額が大きかったためであり、一般《いっぱん》の会社では、二百億円の売上が伝票一枚で立つということはありません。ただ、取引を絡《から》ませる回数を増やせば、売上は増えることになるわけです。

そのように、いろいろなことがあるので、実際にやってみないと分からないものなのです。

ドラマ「半沢直樹《はんざわなおき》」のようだった〝国税局 対 商社〟の戦い

また、商社で外為《がいため》（外国為替《かわせ》）関係の仕事をしていたときには、東京国税局が調査に入ったことがあり、「国税局 対 商社の財務部」という戦いを、実際に経験しました。

「半沢直樹《はんざわなおき》」というドラマが、近年（二〇一三年）、流行《はや》ったことがありますけれども、あれは銀行に勤めていた人の書いた小説が原作なので、ある程度、実際の調査に出合ったことがあるのでしょう。あのドラマのなかで行われていたのは、銀行が不正を行っていないかどうかの金融庁《きんゆうちょう》の検査ですが、商社の財務部門にも、国税局の調査は入りました。要するに、税金を減らすために操作をしていないかどうかを、向こうは睨《にら》んでいるわけです。

おそらく、取引先のどこかの業者からリーク（情報漏洩《ろうえい》）が入るのでしょう。その情報をキャッチして、多少、裏を取ってから、一斉《いっせい》に調査に入ってくるのです。そして、外為の控《ひか》えの書類を押収《おうしゅう》し、とりあえずは会議室に入って、それを繰《く》ってみるわけですが、商社側は、「見ても分かるものか」と思っているわけです。

「その書類のなかの、どの部分だけを出さないようにするか」というところが〝勘所《かんどころ》〟といえば勘所です。向こうは連番の番号がつながっているかどうかを見ているので、そのあたりはやや難しいところなのですが、外国為替については、向こうが見ても内容が分からないのは、だいたい、商社側も分かっているのです。したがって、説明を求められれば説明はできますが、国税局側には内容が分からないのです。

結局、向こうは、「脱税《だつぜい》に使える部分は、どの部分か」ということだけを考えて調査を行っているため、決済銀行等のところを見ていました。銀行の情報は取っているので、そのあたりを見ているわけです。

そのときは、豚肉《ぶたにく》の輸入か何かの件で、「直接、輸入しないで、台湾《たいわん》を絡めて三国間取引のように見せ、台湾のほうで節税しているのではないか」という疑いを国税局にかけられたのだと思います。

私たちは詳《くわ》しくは分かりませんが、「上」が「そんなことはない」と言っているので、「そういう事実はない」ということを証明するための材料を揃《そろ》えて、そのように解説しなければいけません。とにかく、上が「やっていない」と言っている以上、「やっていないのだ」ということで、「そんなことは、断じてありません。台湾を絡めて税金を減らそうなんて、そんなことをするわけがないでしょう」と答えていました。

まさに、ドラマの「半沢直樹」そのもので、本当にドタバタの〝書類隠《かく》し〟でした。いろいろなところに書類が移動し、口の堅《かた》い者と口の立つ者が前に出され、口の軽そうな者は外されました。

私のように、口の立つ者に対しては、「ないんだ！　とにかくない。そういう事実はないからな。誰《だれ》に訊《き》かれても、ないものはないんだから、『ない』と言え。とにかく『ない』ということで、論理を組み立てろ」と言われるわけです。

そのように、「とにかく、ない」とのことなので、ない理由をつけて、「ないものは、ないんだ」ということで対応しなくてはいけませんでした。

これは実に苦しいことでしたが、そのようなこともあったのです。

株価をめぐる難しい駆《か》け引き

また、株価には、「この時期に、この情報を発表すれば、このくらいまで上がるだろう」という予想したターゲットがあって、ちょうど決算対策になるような時期に、株価が上がるのがよいのです。したがって、〝いい話〟を隠しておいて、絶妙《ぜつみょう》なタイミングで発表しなくてはいけません。ところが、事前に新聞が〝すっぱ抜く〟ことがあるのです。

例えば、日経新聞などが、小さな記事であってもすっぱ抜き、「今度、ここで、こういう合弁事業を始める」とか、「ここで小さな石油を当てた」とか、そうした記事がパッと出てしまうことがあるわけです。

ただし、その記事は、事実に合ってはいるのですが、決算のときの会社の株価を上げなくてはいけないので、それまで発表することは相成《あいな》らないわけです。

そのようなときには、銀行から問い合わせの電話がかかってくるのは分かっているのですが、たとえ、自分の担当している銀行から電話がかかってきても、「上」から、「『そういうことは、まだ分かっていない』ということで貫《つらぬ》け」と命令が飛んだら、懇意《こんい》にしているところであっても、「ない」ということにしなくてはいけないので、実に苦しいのです。

また、そのあと、しばらくして決算時期になると、今度は「あった」ことにしなくてはいけないわけで、「実に難しいな」と思いながら、仕事をしていたことがありました。

このように、実際に仕事をしてみると、経済の仕組みが少しは分かるのですが、仕事をせずに、大学の授業だけを聞いていても、何をしているのか、さっぱり分かりません。

例えば、「書類」というものも、私には想像がつかず、何なのかが分からなかったのです。

しかし、書類を実際につくってみたり、見たりしてみたら、「書類にも、いろいろなものがあるんだな」ということが分かるようにはなりました。

3　ドラッカーが言う「マーケティング」とは

一言《ひとこと》では言いがたい「マーケティング」の定義

本書のテーマはマーケティングですが、マーケティングというのは言葉としてはよく通りますし、たいていの場合、それを「販売《はんばい》」の代名詞ぐらいの意味で使っている人が多いだろうと思います。「ものを売ることだ」と思っていることが多いのではないでしょうか。

確かに、それは間違《まちが》いではありません。工場であれば、「製品をつくり、それをどう販売ルートに乗せ、各店で売り、お客様に買ってもらって、どのように売上を立てるか」ということではあるので、「販売ではない」かといえば、そういうわけでもないのです。

ただ、販売ではあるけれども、「マーケティング＝《イコール》販売」であるかといえば、それは間違いで、それ以外の部分も含《ふく》んでいるわけです。

それでは、マーケティングというのは「広報」なのでしょうか。広報というのは、要するに、広告を打ったりすることです。企業《きぎょう》などでは、広告を打ったり、宣伝したりと、いろいろなことをします。新聞に広告を打ったり、コマーシャルをテレビで流したり、あるいは、イベントを開いたりするわけです。そのように、広報をしますけれども、「それがマーケティングなのか」というと、広報の部分もマーケティングではあるものの、やはり、イコールではありません。

要するに、「販売促進《そくしん》につながるいろいろな活動は、全部、マーケティングにかかわってはいるけれども、イコールではない」という不思議なところがあるわけです。

あるいは、企画として、「割引《わりびき》戦略を考える」ということがあります。例えば、「十本買うと一本おまけがつく」というようなものも、営業企画になったりするでしょう。

これも、マーケティングといえばマーケティングなのですが、それがマーケティングのすべてではありません。「企画がマーケティングか」といえば、そうとも言えないところもあるのです。

そのように、「そうであるけれども、そうではない」というところもあって、まるで鵺《ぬえ》のように、何だかよく分からないものがマーケティングなのです。

しかし、マーケティングがなければ、製品をつくったり、あるいは、問屋《とんや》風に仕入れたりして、「売る」という活動をしたとしても、やはり、事業活動としては成り立たないわけです。

ピーター・ドラッカーという経営学者は、その著書に、いろいろなことを書い

●鵺　サルの顔、タヌキの胴体、トラの手足、ヘビの尾の姿をした『平家物語』などに登場する妖怪。転じて、得体の知れない人物や物事のことをいう。

ていますが、実例を示したり、理論的なことも書いたりしていて、読んでいて、なかなか難しいだろうと思います。

ただ、そのなかで、私が読んでいて驚《おどろ》いたものの一つに、やや禅問答《ぜんもんどう》風な言い方ではありますが、「マーケティングというのは販売ではない。真実のマーケティングというのは、要するに、販売をなくすことなのだ」というようなことを書いている部分があります。これは、実に禅問答《ぜんもんどう》的な内容ですが、考えさせられる文句《もんく》ではあります。

もちろん、ドラッカーの趣旨《しゅし》は、「売るな」と言っているわけではないのです。「売らないことがマーケティングだ」というのでは、さすがに禅問答の度が過ぎていますが、そういう意味ではありません。

販売促進で売りまくること、例えば、押《お》し込《こ》みで売ったり、あるいは、魅力《みりょく》を伝えてプッシュして売ったり、プル戦略で呼び込んで買わせたりするようなことだけがマーケティングだと思ったら間違いであって、「実は、マーケティングというのは、売ろうと思わなくても売れるようにすることだ」というわけです。

要するに、「押し込んで売ったり、あるいは、引き込んで買わせたりというように、策をあまり弄《ろう》さずして、人が自然にそれを欲《ほっ》するようにすることがマーケティングだ」と言っているわけです。これはすごく含蓄《がんちく》のある言葉で、私も、ずっと考えてはいるものの、なかなか難しいことだとは思っています。

「行列」に見るマーケティングの意味

ただ、実際に、そうしたことはあるのです。例えば、ある商品を売り出すときに、なぜ行列ができたりするのでしょうか。これは、とても不思議なことです。

行列は、できないものには全然できないのに、できるものであれば、前の日の晩からでも並んだりします。実に難しいことですが、客のほうから押し寄せてくるわけですから、これは、魚が網《あみ》のなかに飛び込んでくるようなものかもしれません。

これが、ドラッカーの言っているマーケティングなのだろうと思います。「相手に欲《ほ》しがらせること、買わせることがマーケティングだ」というのであれば、そういうことになるでしょう。

あるいは、「土曜日から公開」というような映画でも、前の晩から人が並ぶぐらいに人気が出るようなものだと、普通《ふつう》は映画をやっていない、金曜日の夜十時や十時半ごろから、先行上映を一回だけすることがあります。要するに、夜中に待つ人のために先に上映して宣伝するわけです。朝いちばんの映画にはあまり人が来ないので、「夜中に先行上映を行い、そのあと朝から並ばせる」という手段を取るようなところもあります。

やはり、ある意味で、成功しているものというのは、「売ろうとして売っていない、あるいは、買わせようとして買わせていないのに、相手のほうから勝手に欲しがってくる」というようなところがあるのです。

このコツを見抜《みぬ》くというか、体得《たいとく》すれば、「マーケティングの達人になれる」ということだろうし、「会社としても成功する」ということなのでしょう。

幸福の科学でも本をよく出しており、会内でも出しているし、取次店を通して書店でも売っています。また、新聞に広告も打っていますけれども、この「マーケティングとは何ぞや」という公案《こうあん》は、けっこう難しいものです。

例えば、「新聞に広告を打てば、マーケティングをしているのか」といえば、必ずしもそうとは言えないし、「書店に本を山積みにしていたら、マーケティングをしているのか」といっても、必ずしもそうとは言えません。やり方は、いろいろあるわけです。

村上春樹《むらかみはるき》の新刊発売における出版社の作戦

二〇一四年のノーベル文学賞を逃《のが》した村上春樹《むらかみはるき》という作家がいます。

彼は、前年もノーベル文学賞を逃しており、二年続けて逃したことになりますが、二〇一三年は、『色彩《しきさい》を持たない多崎《たざき》つくると、彼の巡礼《じゅんれい》の年』という本を出していました。

そのときは、初版五十万部が刷られ、本屋のコーナーに山積みになり、「七日間で百五万部売れた」と言っていました。出版元の文藝春秋社《ぶんげいしゅんじゅう》は、「発売の直前まで情報を完全に伏《ふ》せ、宣伝もほとんどせずに黙《だま》っていて、いきなり本を山積みにしてバーンと売り出す」という作戦を取りました。

あれは、成功したのでしょうか。それとも、失敗したのでしょうか。それについては、そのあと、〝大本営《だいほんえい》〟から報告が来ないので分かりませんが、もしかしたら在庫の山だったのではないかと推定はしています。ただ、それについて触《ふ》れているものは一切《いっさい》ありません。

そういうことについては週刊誌も同業であるため、書かないのでしょう。お互《たが》いに、やったらやり返されるので、書かないのだろうと思います。

ともかく、文藝春秋社の作戦は、「書店に本を山積みにして、いきなり売り出す。静かにして、情報はできるだけ与《あた》えないで興味をそそり、買わせる。〝春樹ファン〟が新刊が出たとなったら飛びついてくるのを知っていて、情報を与えないことで興味をかき立て、『早く見たい。早く見たい』と思わせておいて売り出し、ワッと買いに行かせる」という作戦だったのではないでしょうか。

ただ、かなりの部数は返本になったのではないかと推定していますが、これは失礼に当たるので考えないことにしたいと思います。

私たちも、以前、そのようなことをしたことがあり、大変な返本の山で苦しんだことがあるので分かりますが、そうした作戦は、たいていの場合、外れるのです。しかし、それについては、お互いに深入りしないほうがよいと思います。

いずれにせよ、普通は、広告宣伝をかけることがマーケティングだと思いがちですが、そうしないことによって、「内容が全然分からない」「どんな本かさっぱり分からない」という感じで、事前に情報が漏《も》れないように情報管制を敷《し》き、本を手に取らないかぎり内容が分からないというやり方で引き寄せるマーケティングもあるわけです。

そういう意味では、ドラッカーの「販売をなくすことがマーケティングだ」ということを、いろいろなところで、あの手この手で研究しているのだと思います。

4 「販売《はんばい》」と「マーケティング」の違《ちが》いとは

マーケティングの大家《たいか》・コトラーの「穴とドリル」のたとえ話

さて、マーケティングの大家《たいか》、権威《けんい》としてコトラー●がいますが、この方も厚い教科書をたくさん書いています。

ただ、コトラーの本をだいぶ読んでみたのですけれども、確かにインスピレーションが湧《わ》かないタイプではありません。もちろん、よいことが書いてあるとは思うので、あるいは翻訳《ほんやく》がよくないのかもしれないのですが、読んでいて、どうしても〝残らない〟感じがするのが不思議です。

ただし、一つだけ印象に残っていることはあります。「一つ」と言ったら気の

●フィリップ・コトラー（1931 〜）　マーケティング論を専門とするアメリカの経営学者。主著『マーケティング マネジメント』『非営利組織のマーケティング戦略』等。

毒すぎるとは思うのですが、一つだけ印象に残っている具体的な例があり、これを述べると少しはマーケティングの意味が分かるかもしれません。

お客さんが「日曜大工《だいく》などで木に穴を開けたい」というニーズを持って、買いに来たとします。

すると、売る側は、自分の店のドリルについて、一生懸命《いっしょうけんめい》に、「いろいろなドリルがあって、こんな性能がある」と説明し、ドリルを売ろうとするわけです。

しかし、お客さんはドリルを欲《ほ》しがっているのではありません。実は、向こうの〝ウォンツ（欲求）〟は、「こういう穴を開けたいのだ」ということなのです。

要は、「穴を開けるのに、いったい何がいちばん便利か」ということを考え、穴を開けるものを欲《ほっ》しているのに、売る側は、ドリルを売ることばかりを考えているわけです。

それで、自分のところのドリルの説明をするのですが、「そのドリルはどんなに性能がいいか」という一般論《いっぱんろん》とか、「どんなドリルがあるか」とか、そんなことはお客さんにとって全然関係がありません。実は、「自分がここに穴を開けたいのだが、その穴を開けるのに何が使えるか」ということを知りたいわけです。

つまり、本当のニーズは「穴」であり、「穴を開ける」ということで、「材料にどのくらいの深さの穴を掘《ほ》るか」ということが大事なわけです。ところが、お客さんはそれに適したものがあるかどうかを求めているにもかかわらず、売る側は自分のところのドリルの説明ばかりしているのです。

こういう話で、コトラーは「販売《はんばい》」と「マーケティング」の違《ちが》いを説明していました。

「販売」とは、自分のところのドリルを売りつけることでしょう。しかし、お客さんが知りたいのは、「自分が穴を開けるのに何が使えるか」ということなのです。

このように、「実際は、すれ違っているところがあるのだ」ということをコトラーは述べていますが、私は、このたとえだけはよく分かりました。

「顧客《こきゃく》の求めているもの」をキャッチせよ

ただ、こうしたことは、よくあるのだと思うのです。おそらく、当会でも同じであり、支部でも起きているでしょう。

例えば、「今月は『忍耐《にんたい》の法』（幸福の科学出版刊）をしっかりベストセラーにしていこう」というような呼びかけが本部から出ているとします。そこへ、病気をしていて、その病気を治したいという悩《なや》みを持った人が来たとしましょう。

本来、病気治しの問題であれば、「これがあります」と言って、『ザ・ヒーリングパワー』（幸福の科学出版刊）などのヒーリング系の本を売ればよいわけです。ところが、「今月は、とにかく『忍耐の法』を支部で頑張《がんば》って広めてください」

と言われているため、「病気ですから、やはり〝忍耐〟が大事です」ということで、『忍耐の法』を買わせようとするのです（会場笑）。

支部での様子を想像すれば、こういうことに置き換《か》えられるでしょう。

これは、「『販売』をしようとしてはいるけれども、『マーケティング』はしていない」ということであり、それほど難しいことではあるのです。

結局、多くの人は、「自分の立場」で商品説明をしたり、商品を幾《いく》ら売るかということを考えているけれども、必要なことは、「お客さんの立場」で、「お客さんが何を求めているのか」をキャッチすることなのです。

要するに、そういう情報をキャッチして、それに合うものがあるかどうか、お世話できるかどうかを考えることが大事なのですが、なかなかそれができないわけです。

会社はどのように「売上目標」を立てるのか

また、通常、会社には年間の売上目標があります。そして、その年間の売上目標を各部門に割り当て、各部門ごとに何億円売るとか、何十億円売るとかいう目標が立っているのです。

例えば、ある商品本部で「五十億円売る」という目標が立っていたら、社員が二十五人いるとして、「五十億円の目標を二十五人に割り当てる」という仕事が発生します。その部で五十億円の売上目標があれば、部長は二十五人の社員に、合計が五十億円になるような売上目標を出さなければいけません。

その場合、頭数《あたまかず》で割れば、一人当たり年間二億円を売らなければいけないことになるわけですが、実際はそれぞれの腕《うで》に差があります。平均では一人当たり二億円を売らないと五十億円は達成できないのですが、腕のいい人はもっと売るかもしれません。三億円、五億円と売る人もいれば、一方で、五千万円しか売れない人、三千万円しか売れない人もいるでしょう。

しかし、トータルでは五十億円を達成しなければならないので、給料や役職も違うでしょうが、能力に合わせてそれぞれに目標が与《あた》えられるわけです。それで、いちおう年間目標が立ちます。

さらに、その年間目標を、月次目標、毎月の目標にまで割っていき、「今月は幾らか」を出します。

ただ、シーズンによっても違いがあって、入学・進学シーズンによく売れるものもあれば、夏場になるとよく売れるものもあります。

例えば、入学シーズンに売れるものは学用品です。ランドセルから始まって、制服や勉強の参考書類、ノート類、グッズ等、いろいろなものがたくさん売れるでしょう。

また、夏場になればクーラーや扇風機《せんぷうき》など、そうした「涼《りょう》」を求める人たち用の新しい商品がいろいろと売れるのは当然のことです。

もちろん、秋になったら、「温度調整をするために、暖かくなるものをどうするか」ということがあるわけです。

顧客《こきゃく》の「感度」と「ニーズ」、店員の「センス」が売上に影響《えいきょう》する

ところが、現実には、八月ぐらいに毛皮の展示等、秋冬ものの展示がされています。

これが合っているのかどうかは分かりません。たまたま真夏日で、気温が三十五度というときに毛皮を展示しているのを見ると、「これは合っているのかなあ。三十五度の熱暑のなかを歩きながら、この毛皮に足を止めて着てみる人がいるのだろうか」と想像することはあります。

おそらく、「九月の後半から十月に売りたければ、八月ぐらいから展示を開始しなければいけない」という指示が本部から出ているのでしょう。

ただ、その時期に展示をしても関心を示さないのではないかと思いますし、ほかのところでは、暑い日に五十パーセントオフとか、八十パーセントオフとかで、夏ものの売り切りをしていることもあるわけです。どちらが勝つかは、やってみないと分かりません。

もちろん、八月の終わりであっても、台風が来るなどして、非常に寒く、気温が十度ぐらい下がった日であれば、毛皮の展示をしたときに、フッと足を止めて見る人がいる可能性はあります。「ああ、そうだ。もうすぐ寒くなるんだな」と思って手に取る人もいるでしょう。あるいは、風が吹《ふ》いて葉っぱが飛び散る日などに置いてあると、足を止める人はいるだろうと思うのです。

やはり、お客さんがショーウインドーを見て店に入り、買い物をするかどうかということには、「ショーウインドーのマネキンに着せる服が、時期や、その日のお客様の感度、あるいはニーズに合っているかどうか」、つまり、「店員が、合っているものを出せているかどうか」ということが極《きわ》めて大きいのではないでしょうか。

ショーウインドーに出しているもの、マネキンが着ているもののセンスが合わなければ素通《すどお》りしていくでしょうし、「ちょっといいな」と思ったら、なかに入ってくれるわけです。

「マーケティング」の手法を活《い》かした顧客《こきゃく》への売り方・・・

しかし、店に入っても買ってくれる人は十人に一人、二十人に一人しかいないことが多いと思います。ただ、この場合は、いちおう関心を持って入ってくれたということだけでも、間違いなく〝ありがとうございました〟でしょう。

　そのあとは、関心を持って入ってくれた人の着ているものや容姿等を見て考えなければいけないことがあります。それは、「その人が、何が欲しいか」ではなく、服の専門店の店員として、「この人に何を着せたら似合うか」ということです。これを考えなければいけません。これは前述した「穴とドリルの関係」と同じです。

　つまり、「何を自分が売りたいか」というのは「ドリル」のほうで、「何がこの人に似合うか」というのは「どのくらいの穴を開けたいか」ということに当たるわけです。

　やはり、入ってきた人を見て、「この人に似合うのは何なのか」「この人を引き立てるものは何なのか」「秋になったら、この人がたぶん欲しくなるのは何なのか」を、相手の立場において考えなければいけません。

　その上で、「この人は自分の店から買う可能性がある人だな」と思ったら、夕イミングを見て提案するわけです。

もちろん、タイミングが早すぎても駄目《だめ》でしょう。嫌《いや》がるタイミングで早く接近しすぎると、相手は、「いや、別に、買う用ではない。見ているだけだ」と言ってサッと帰ってしまいます。

そうではなくて、商品を少し手にとって触《さわ》ったりするなど、具体的に関心を持って物色《ぶっしょく》し始めたと見えたときに、こちらから「ご提案ですが、あなたにはこういうものがお似合いになると思います」というかたちで提案をするのです。それが合っていた場合、売れる可能性は高いでしょう。

しかし、合っていた場合でも、売れる可能性は、まだ五十パーセントぐらいのものです。

商品を気に入って、買う気もあり、試着したり、値段も見たりしても、「まあ、要《い》るかもしれないけど、今は買わなくてもいいかな。八月に買わなくても、十月でもいいな」と思って買わない場合もあるかもしれません。やはり、こちらが勧《すす》めたものと向こうが欲しいものとが合ったとしても、売れる可能性はまだ五十パーセントあるかないか分からないところです。

したがって、試着《しちゃく》したあと、出てきた人に鏡を見せて、「どうやってほめるか」というところが大事であるわけです。そのほめ方がズバッとツボを押《お》さえていなければ駄目でしょう。ほめ方がツボを押さえていなくて、場違いというか、勘違《かんちが》いのほめ方をした場合は〝アウト〟なのです。

やはり、相手が身につけている物や指輪、アクセサリーなどを見ながら、だいたいの値段等を予想して、「どのくらいの値打ち感を感じたら買うか」というところを見切らなければいけません。

買わないのにしつこすぎた場合は、嫌《きら》われて、来てもらえなくなりますので、一度お勧めしてみるけれども、「買わない」と見た場合は、しつこすぎないことも大事だと思います。

ただ、「これはいける可能性がある」という場合は、相手が迷っているところ、逡巡《しゅんじゅん》しているところをストンと一押《ひとお》し、突《つ》いてあげると、買ってくれることがあります。そういう絶妙《ぜつみょう》なところの訓練ができている人が増えてくると、売上は増えてくるわけです。

こうした「訓練の度合い」と「ノルマが達成できるかどうか」とは連動してくるので、「訓練の熟練度」と「ノルマの達成」とを合わせられる人が、マネージャーとして管理する人になっていくわけです。ただ、そのあたりは非常に難しいところでしょう。

5　平均的な社員を働かせる「目標管理」

平均的な人は「目標」がなければ働かない

なお、大きな会社になると、トップのほうは細《こま》かいことは分からずに、「全体として幾《いく》ら」というかたちで目標を出します。

例えば、ファーストリテイリング（ユニクロ）では、「一兆三千億円を売り上げた。次は、二兆五千億円だ」というようなことを、社長が簡単に言ってくれるのですが、「下」としては、それを割り振《ふ》った場合、大変なことになることが多いわけです。「一年で売った分と同じだけ増やせというのですか!?」ということですけれども、「そうだ」と言われたら、考えなければいけません。

おそらく、店舗《てんぽ》を出す計画があるので、「それだけの店舗を出す費用等、全体から考えたら、この程度売れないと困る」ということで、そういう目標になるのでしょう。ただ、現場ではいろいろな苦情があるとは思います。

そこで創意工夫《そういくふう》が要《い》るのです。

これはドラッカーが述べている「目標管理」という言葉に当たるわけですが、一般《いっぱん》社会では、基本的に目標管理をしないと、いわゆる平均的な人の場合は、働かないわけです。

例えば、ブティックで雇《やと》っても、立ったままで、「お客さんが来たら相手をする。売っても売らなくても給料が出る」ということであれば、働かないでしょう。ところが、「今月の目標は幾《いく》らで、今週の目標は幾らで、一日当たりの自分の目標はこれだけだ。八時間労働とすると、自分は一時間当たり、これだけ売らなければいけない」「自分は時給《じきゅう》千五百円で働いているけれども、売り物から見ると、一時間当たり一万五千円ぐらいは売らないと赤字になって、時給千五百円は出ないのだ」ということを理解していると、「一時間に一万五千円は売らなければいけない」と思うようになるわけです。

仕事能力が平均的な人に有効な「目標管理」

例えば、朝の九時に店が開《あ》いたとして、九時から十時の間に、洋服が一枚も売れなかったとしましょう。さらに、十時から十一時、十一時から十二時と、「あと幾ら売らなければいけないか」という数字が、だんだん溜《た》まっていけば、当然、店員の動きは活発化してきます。そういうときには、声掛《こえか》けやお勧《すす》めなど、いろいろなことを考えついて、熱心に言わなければいけなくなるわけです。

要するに、このようにしないと、平均的な人は働かないのです。

「目標管理」にしても、過大な目標で失敗したら、失敗感があって挫折《ざせつ》するので、目標を出したがらないところは多いのですが、全体的に、会社として大きくなればなるほど、活動がいわゆる「標準値」に近づいてくるため、やはり、標準的に達成してほしい数量や額などを出さなければならないわけです。

「新しいポロシャツを、全店合計で十万枚売り上げます。各店におかれましては、今月中に一千枚売ってください」という命令が来た場合、各店で勤めている人の人数で割れば、一人当たり、一カ月で幾つ売らなければいけないかが出せます。もちろん、その腕《うで》の差によって上・中・下があるでしょうから、人によってノルマの数は違《ちが》ってくるでしょう。

さらに、それを、週ベース、一日ベースにして組んでいくと、新米の人やアルバイトに毛の生《は》えたような人でも、「一日に三枚は売らなかったら、月末にクビになるだろう」と予想がつくこともあります。

「一日三枚がノルマで、週五日働く場合には、月に六十枚のポロシャツを売らないと、アルバイト料は出ません」ということがはっきり分かっている場合、もし、今日売れなかったら、明日《あした》への持ち越《こ》しになるので、だんだん熱を入れて売るようになるわけです。

したがって、「目標自体が一定のプレッシャーになり、個別に叱《しか》ったり、いろいろと指示したりしなくても、その目標を見ながら働くようになってくる」というようにすることが、平均的な仕事能力の人や平均以下の人の使い方であると言えます。これは、平均を多少超《こ》えるぐらいの人たちにも、やはり大事なことになるでしょう。

ただ、平均をはるかに超えた人たちのなかには、自分で企画《きかく》をし、どんどん進めていくような人もいますから、そういう場合は違ってきます。そういう人には、目標額として、「当店では月千枚を売らなければいけないけれども、あなたはベテランだから、一人で月百枚を売りなさい。だけど、これは最低限の目標ですよ。

最低限百枚で、それ以上、幾つ売っても構いません。上限はありませんからね」

というように言わなければいけないわけです。

そして、百枚は絶対に売れない人に対しては、やはり、それよりも下の枚数を、数字として出さなければいけません。

予想された年間経費から必要な売上額が算出できる

ただ、今は〝ブラック企業〟批判もありますから、気をつけないと、左翼《さよく》的な思想を持っている人から、こうした「目標管理」に対して反撃《はんげき》されることがあります。

しかし、考えてみれば、年間経費、つまり一年間で使う経費については、あらかじめ予想が立っているわけです。「一年間で給料を幾ら払《はら》わなければいけないか」といった人件費や、「売上をこれだけ立てようとしている以上、仕入れでは、これだけ払わなければいけない」という仕入れコスト、また、売り場の光熱費や水道代、いろいろな消耗品《しょうもうひん》の値段など、これらのコストは、ある程度、決まっている部分があるのです。

もちろん、ケチケチすることも可能でしょう。ただ、コストのほうは、予算ではなくても、「このくらいは要る」ということがある程度分かっていますから、割ってみれば、毎月のコストから毎週のコスト、毎日のコストまで、きちんと出てきます。要するに、「幾ら以上の売上が立たないと、そのコストが払えない」ということが分かるわけです。

したがって、その売上が達成できない場合にはどうなるかというと、「コストカット」が始まります。

コストカットをするためには、まず、売れ筋《すじ》のものを頑張《がんば》って売り、売れないものを早めに消してしまわなければいけません。「大バーゲン」「一掃《いっそう》セール」など、いろいろなことをして、売れ残りそうな商品を片付けてしまうのです。

つまり、最初は、「二十パーセント割引セール」とか「三十パーセント割引セール」などと言って、少し利益が出るぐらいのところで勝負をかけるのですが、それでも売れないと見たら、「半額セール」になり、七十パーセント割引セール、八十パーセント割引セールぐらいになると、ほぼ原価か、原価割れする可能性のある値段になるでしょう。しかし、原価割れしたとしても、「全品廃棄《はいき》処分」、あるいは「返品」「倉庫行き」となるよりは、やはり、少しでも売れたほうが得なわけです。そういうことがあります。

「赤字か、黒字か」だけで判断してはいけない

ですから、「赤字か、黒字か」だけで判断してはいけないところがあります。
例えば、出版社では、本から始まり雑誌など、いろいろなものを刷っています

が、黒字の本もあれば、赤字の本もあり、週刊誌でも、黒字が出ている週刊誌もあれば、赤字が出ている週刊誌もあるでしょう。こういう状況《じょうきょう》で、「赤字の部分を全部潰《つぶ》して、黒字のところだけを残せばいい」としたならば、どうなるでしょうか。

生産コストから見て、本の採算分岐《ぶんき》点が三千部だとしたら、それ以上に売れている本を出しているところは黒字部門ですから、当然、そういうところの本は出し続けます。

例えば、「推理小説がよく売れているので、その部門は黒字だから残してもよいが、一方で、純文学はまったく売れずに赤字だ。まったく売れていないわけではないが、やはり、赤字が出ているし、毎月毎月、これだけの赤字がずっと垂《た》れ流されている」という状況があるとします。

そうすると、赤字の分をすべて削《けず》ってしまい、黒字のところ、例えば黒字の本、あるいは週刊誌だけを残せばよいかといえば、そうではない部分があるのです。

出版社は、編集部員などを抱《かか》え、給料を払っているわけですから、赤字の部分をやめたところで、仕事がないだけの状態が続くこともあるわけです。赤字だとしても、少なくとも働いてくれれば、給料の八十パーセントぐらい稼《かせ》いでくれている場合もありますから、そうすると、損は二十パーセントで済みます。ところが、赤字だからといって、それをまったくやめてしまったら、給料が百パーセント損になるわけです。

給料は「固定費」と考えられる場合が多いのです。実際に、クビにしないかぎりずっと出続けるものであるので、固定費と言えるでしょう。

こういったところがあるわけです。

マーケティングが十分でないと労働が無駄《むだ》になる

私どもの出版社でも、非常に恥《は》ずかしい話ながら、「発刊する本の点数を増やせば、一冊当たりの売れる数が減っていく。本の点数を減らせば、一冊当たりの売れる数が増えていく」ということがよく起きますが、これは要するに、買う人が同じで、マーケティングがまだ十分にできていないことの証拠《しょうこ》なのです。

年に何冊発刊しようとも、同じぐらいの数の編集部員がいて、一人も解雇《かいこ》しない状態で、みな、平気でいます。

例えば、『〇〇の法』という、年間ベストセラーとなるような本を一冊出し、あとは、秋ごろに中《ちゅう》程度のベストセラーとなるような本を一冊出すということをしていた時期もありますが、その当時でも今と同じぐらいの人数がいたのです。

それが、毎月本を出しても、毎日本を出すようになっても、やはり、同じぐらいの人数なのです。

　これはまことに不思議なことで、このあたりの考え方は実に難しいものがありますが、要するに「仕事の密度」の問題でしょう。

　ただ、もちろん、仕事量が増えれば、疲労感《ひろう》は溜《た》まるでしょうから、苦情も溜まってきます。

　こうした状態で、例えば、「本を一冊出せば二万部売れるが、本を二冊出せば一万部ずつになる。さらに、本を三冊出せば七千部ずつになる」ということになると、本を多く出せば売れなくなるような気がするわけです。本を多く出す分、緊張感《きんちょう》を持って労働する人の数も増えてくるわけですが、マーケティングの機能が十分でないために、現実には、それが無駄《むだ》になっているのです。

「消費動向」に合わせた供給の調整を

それでは、マーケティングとは何でしょうか。

例えば、ある業者が製造したドリルを売ろうとして、その性能を記《しる》した効能書《こうのうが》きを大量に印刷して撒《ま》くとしましょう。しかし、「お客さんが日曜大工《だいく》等をするときに、いったいどんな穴を開ける必要があるのか」という調査に入っていなければ、問題があります。

「買う側は、今、何が欲《ほ》しいか」という、需要《じゅよう》の動向、消費動向を的確に分析《ぶんせき》し、それに合わせて、供給する内容や、「いつ、何を、どれだけ出すか」といった考え方を調整できていないにもかかわらず、売ることだけを考えていると、はっきり言って、空回《からまわ》りしてしまうでしょう。このあたりのことを知らなければいけません。

また、幸福の科学の精舎《しょうじゃ》で行《おこな》っている研修や祈願《きがん》を例にとれば、あるところで「参加者」が非常に伸《の》びている公案《こうあん》研修がある場合、運営側はそれに対して鈍感《どんかん》であってはならず、これをほかのところで行ったらどうなるかを想定しなければなりません。「今、その精舎ではこの研修がものすごく伸びているが、他の精舎で行ったらどうなるか」といったシミュレーションが必要なのです。

もし、他のところでも行われたときには、場合によっては、参加者が減るかもしれません。その減り方として、仮に、「もう一館で行えば、ちょうど半分になります」ということであれば、それを行ったほうがよいのかどうか、分からないぐらいの微妙《びみょう》なものがあります。

しかし、「今、行っている精舎では八十パーセントぐらいの数になりますが、もう一つのところでは六十パーセントぐらいは稼働《かどう》します」ということであれば、これは、行う可能性がまだあるでしょう。

さらに、三つ目の精舎で同じことを行う場合には、「最初のところは七十パーセントになり、二つ目のところは四十パーセントになり、三つ目のところは三十パーセントになるとしても、トータルでは行ったほうがよいか」という計算は立つだろうと思います。

このような判断は「内容」にもよるでしょう。

「交通安全祈願」というものを例にとれば、その祈願を必要とするところが東京だけでないことは明らかです。他の地域でも必要なものではありますから、「そういうものがあるなら受けたい」という人が一定の率でいることは分かります。

私がそういうものをつくった当時、「ほかの精舎でも交通安全祈願をさせてほしい」と私に言ってきたのは、祈願が開示されてから一年は過ぎていたような気がします。

もし開催《かいさい》精舎が一カ所であれば、そこにはものすごく人が集まるため、そこにとってはもちろんよいわけですが、ただ、参加者には交通費がかかりますので、「交通安全祈願を受けるだけなら、近くでできるといいな」と思う人もいるでしょう。

このあたりは微妙《びみょう》に読まなければいけない面もありますが、こういうものをトータルで計算しながら行っていくところに、マーケティングの妙味《みょうみ》はあるのです。

6　マーケティングは戦争の軍師の仕事と変わらない

消費者に合わせたウエイトづけが必要

前節では、「マーケティングとは何か」ということについて、幸福の科学の精舎《しょうじゃ》運営等を例にして説明しました。

会社などの組織においては全体としての目標があり、それを個別に割り当てていくことで目標管理をすることはできるでしょうし、おそらく当会でも全国一律型で行《おこな》っているとは思います。

ただ、仕事としては必ずしもそれだけでよいわけではなく、やはり、ウエイトづけをする必要があります。季節要因や、地域別のニーズ、年齢《ねんれい》構成、所得構成などの違《ちが》いによって、いろいろと品揃《しなぞろ》えを変えたり仕事の種類を変えたりすることは、当然あるべきことです。

例えば、「エリートビジネスマンになるためのセミナー」というような内容のものを行うにしても、都市部ならば十分に当たるテーマでしょうが、積雪《せきせつ》一メートルを超《こ》える地域で行ったところで、かなりの〝空振《からぶ》り〟になるでしょう。一メートルの積雪のなかを泳ぐようにやって来てまでして、「エリート社員になるセミナー」を受けるかといえば、それはなかなか大変なことです。もし、「簡単に除雪《じょせつ》する方法」というようなことを教えてくれるのなら、非常にニーズがあり、雪のなかでもやって来る可能性はあるでしょうが、そういうものでもなければ、なかなか難しいでしょう。

そういうことがあるので、その地域性や文化、あるいは購買者層《こうばいしゃ》、つまり、年齢、男女の違い、収入、気風の違い等を見ながら、目標や、何を中心に組み立てていくかを考えていくことが極《きわ》めて重要なのです。

このあたりへの微妙《びみょう》な感覚がなく、全国一律型のような、いわゆる〝役所仕事〟をした場合には、たいてい、同業他社から後《おく》れを取ることになるわけです。

季節要因に合わせた品揃《しなぞろ》え――「台風対策」の例

例えば、「台風が来る」というなら、やはり、その情報に合わせて、台風が来るときに人が買いたくなる品揃《しなぞろ》えに、いち早くしなければいけません。そういうときには、「家を補強しなければいけない」といったニーズがあるわけです。

台風シーズンには、「家を補強しなければいけない」「窓ガラスが割れるかもしれない」「ここのところが浸水《しんすい》したらどうしようか」というようなことがあるわけですから、例えば、川の近くに住んでいる人たちにとっては、土を袋《ふくろ》に詰《つ》めただけの土嚢《どのう》にさえニーズはあるわけです。

これが関係ないときであれば、まったく売れないでしょうが、もしかしたら水が溢《あふ》れて、家が水浸《みずびた》しになるかもしれない場合、特に商店のように水浸しになったら品物が駄目《だめ》になるような場合には、土嚢の値打ちは非常に高いものになるわけです。

そういうものがタイムリーに発想できるかどうかが重要です。一般《いっぱん》的に、百貨店では土嚢を売らないと思いますが、少なくとも、そういうことを考えつく人がいたら、別働隊で売っても構わないわけです。緊急《きんきゅう》事態であれば、客は、値段も聞かずに買うかもしれません。

「スピード」と「金のかけ方」が鍵《かぎ》――「備中高松城攻《びっちゅうたかまつじょうぜ》め」の例

豊臣秀吉《とよとみひでよし》は、備中高松城《びっちゅうたかまつじょう》を水攻《みずぜ》めしたとき、土嚢を地元の農民等につくらせています。

そこは敵方の陣営《じんえい》になるため、農民たちとしては、本当は秀吉側に協力してはいけないわけです。しかし、秀吉は彼らを協力させるために、それ相応の金子《きんす》を出して土嚢を買い上げるようにしました。「一袋幾《いく》ら」というかたちで出してやれば、城主《じょうしゅ》を裏切ってつくってきますし、つくり上げる速度もまったく違ってくるわけです。

そういう読みは、マーケティングと似たものがあるでしょう。

その速度を速くして、梅雨《つゆ》になる前に築堤《ちくてい》ができてしまえば、水攻めで城を沈《しず》めてしまうことができますが、土嚢をつくるのが遅《おそ》く、積み上げる前に大雨が降り、水が流れてしまった場合には、それらの土嚢はまったくの無駄になるわけです。

このように、「スピード」と「お金のかけ方」は非常に大事なことなのです。

売れる時期を読む――「クリスマス商戦」の例

それから、「クリスマス商戦」のように、一定の時期しか売れないものもあります。そういうものは、正月になると、もはや売れなくなるので、クリスマスが終わったら、一気に「正月商戦」へと切り替《か》えなければいけないわけです。このように、スピードをものすごく争うものもあります。

これは、「いつから売れ始めて、いつで売れなくなるか」ということが、だいたい分かっている場合ですが、やはり、将棋《しょうぎ》の指し手を読むような読み方をしなければいけません。そのためには、当然、「この日までに、これだけ売る」「この時期には、これがいちばん売れなければいけない」といった過去のデータ分析《ぶんせき》も行う必要があるのですけれども、そう簡単にはできないわけです。

クリスマス商戦においては、一つの思想だけで統一されている宗教では難しいものがありますが、例えば、幸福の科学のようにいろいろな宗教の教祖の教えが入っているところであれば、一般のデパートでクリスマス商戦が行われるように、「クリスマスの時期に、キリスト教的なもので攻《せ》め込《こ》む」という設定もあるのです。

クリスマスの十二月に〝キリスト教もの〟を行うとなれば、クリスマスの想像ができない夏ごろから企画《きかく》をしなければいけません。このときに、「クリスマスのころに、キリスト教向けのセミナーや研修、講演を行ったり本を出す」など、そういう企画をしなければいけないわけです。

そのように、〝波〟を読んで計画していかなければ、実際には役に立たないものもありますが、これは、「通常事務をしていればよい」というような気持ちで仕事をしている人にはまったく引っ掛《か》かりません。要するに、関心がないのです。

一般の平均的な人の場合は、街に「ジングルベル」が流れ始めたり、豆ランプが点《つ》き始めたりして、そういう雰囲気《ふんいき》が出てきたら、ようやく、「ああ、クリスマスが近づいたんだなあ」と感じるわけです。これは会社帰りのサラリーマンの感覚に近いでしょう。自分の商売に関係がないときには、そんな感じで見ていると思います。

ところが、クリスマスにそういう雰囲気を演出する側の人には当然、その演出の裏に何か狙《ねら》いがあって、そのときに何かを売ろうとしているはずなのです。そのようにするためには、やはり、その仕込《しこ》みをする期間が要《い》るわけです。

したがって、年間の目標や計画を立てるにしても、どの時期に、何が必要とされるのかについて、過去の統計やデータをよく分析することが大事です。

また、自分の店だけではなく、「ほかの店では、どうなっているのか」「地域によって、どうなっているのか」「年齢構成は、どのようになっているのか」「収入の多さや少なさによって違うのか」などを見ることも必要でしょう。

あるいは、景気の動向によって、変化が出てくる場合もあります。例えば、消費税上げ前には駆《か》け込み需要《じゅよう》があるので、デパートであれば、その段階でどれだけ売ってしまうかということは、当然あるだろうと思います。ほかの業種であっても、基本的に、やはりそういうことはあるでしょう。

「孫子《そんし》の兵法」から発達した現代のマーケティング

そのようなわけで、私には、マーケティングといっても、意外に戦争と変わらない感じがするのです。

戦争においては、気象条件や地形、敵の戦力、兵糧《ひょうろう》、城の強さ、敵が持っている武器、馬の数、大砲《たいほう》、お堀《ほり》の深さなど、軍師はいろいろと研究しなければいけませんし、「自分の軍隊が、こういう戦力で組んだら、どこまで攻められるか」という計算が必要です。

現代におけるマーケティングは、そういう計算に極めてよく似たものがあり、ある意味では、「孫子《そんし》の兵法」から発達していった兵法と極めて関係性が深いと見てよいでしょう。

昔は、人を殺したり、敵地や要地を取ったり、お城を乗っ取ったりすればよかったのかもしれませんが、今は、同業他社との競争に負ければ、会社が潰《つぶ》れたり、店が潰れて撤退《てったい》したり、他社に〝陣地〟を取られたり、採算のために従業員がクビを切られて削減《さくげん》されたりすることもあるわけです。これは敵の矢に当たったり、槍《やり》で突《つ》かれたりして自分の兵が削減されていくことと同じようなものでしょう。

そういうことがあるので、「総合戦」としての面は、極めて多いのではないかと思います。

ただ、今のビジネスは、いたって平和的ななかで行われていますし、最終目的は顧客《こきゃく》の幸福感や充足感《じゅうそく》を満たすところにあるので、そうした「殺し合い」とは違っているわけです。

7　非営利事業でも必要な「競争戦略」

一方的に売れる商品が長く続くことはありえない

マーケティングのなかには、「競争戦略」というものが強固なものとしてあるので、「その商品を売れば、幾《いく》らでも売れる」というものがあれば、絶対にまねをする人は出てくるわけです。売れることが分かっていれば、絶対にまねをする人が出てきます。

しかし、まねをする店が二軒《けん》目、三軒目、四軒目と出てきたら、どこかで潰《つぶ》れるところが出ます。

例えば、「この季節に、ある場所で焼き芋《いも》の屋台《やたい》を出したら、おいしいと評判で、焼き芋がよく売れる」としましょう。すると、道路の向かい側や交差点の向かい側にも店を開く人が出てきて、「横断歩道を渡《わた》るか、渡らないか。どちらで買うか」というような熾烈《しれつ》な競争になります。

さらに、十字型の交差点の四隅《よすみ》に屋台が並び、焼き芋を売ったら、どうなるでしょうか。やはり、潰れるところが出てくると思います。どこかが必ず撤退《てったい》することになるでしょう。

店の前にたくさんの人が並んでいると、もしかしたら〝サクラ〟かもしれませんが、みな、たいていはよく並んでいるところへ行きたがり、並んでいないところには行かなくなるものです。そのため、並んでいない店から撤退が始まり、適正に生きていけるようなところで撤退は止まるでしょう。焼き芋屋をやめた店は、ラーメンの屋台に変えるなり、今川焼《いまがわや》きを売るなり、考え方を変えなければいけないわけです。

そういうことがありますので、「一方的に売れる商品が長く続くことはありえない」と知っておいたほうがよいでしょう。

「まねができない次の段階」を準備することが大事

このように、競争戦略は必ず出てきます。「軍事」ではなくても競争戦略は出てくるので、どうしても同業他社との競争があるわけです。

「勝っても負けてもどうでもいい」という平和主義もありますし、「敵が攻撃《こうげき》してきた場合のみ応戦する」という専守防衛的な考えもあるかもしれませんが、一《いっ》般《ぱん》的には、「戦わずして勝つ」という「孫子《そんし》の兵法」が活《い》きると考えなければいけません。

したがって、他社がこちらのまねをして売ろうとしているときに、「まねができない次の段階」を準備することが大事であるわけです。それは、「付加価値は、いったい何か」という部分です。まねができない次の段階を準備しておかなければいけません。「まねをしたら、同じことができる」というのであれば、単にマーケットシェアが落ちるだけのことです。

考えてみれば、ビール会社は何社も要《い》らないようにも思いますが、実際にはあるわけです。やはり、「違《ちが》い」を強調して売っているのでしょう。

そのように、「何社かが生き残っていける範囲《はんい》内での競合」というものはあるわけで、生き残れなかった場合には、潰れるか、統廃合《とうはいごう》されるかたちになります。客の取り合いをするのではなく、他社を取り込《こ》んでしまうスタイルで行う場合もあるのです。つまり、M&A（企業《きぎょう》の合併《がっぺい》・買収）が起きることもあるわけです。

「非営利事業」においてもマーケティングは可能である

宗教においても、競争戦略は当然働いています。

例えば、幸福の科学では、他の宗教で教えているようなことを教える場合もありますが、仏教的な言い方をすれば、同じような教えであっても、より「功徳《くどく》」の多いほうに人が流れてくるようなことはあるわけです。神社でも、「ご利益《りやく》がよくある」という噂《うわさ》が立てば、やはり、人はそこに行くでしょう。

また、時には、そういう情報を仕掛《しか》けて流すところもないわけではありません。受験期になれば、学業祈願《きがん》のお守りを頒布《はんぷ》している神社がいろいろありますが、「どこの神社のお守りがいちばん喜ばれるか」というようなことはあるわけです。また、それに火を点《つ》けることもマーケティングです。マーケティングは、通常、営利事業ではなかったようなところにもあるわけです。

今は民営化しているＪＲも、昔は国鉄で非営利だった時代があります。私の故《こ》郷《きょう》である徳島《とくしま》県の川島町《かわしまちょう》（現・吉野川市）には、「阿波川島《あわかわしま》駅」と「学《がく》駅」という二つの駅がありますが、学駅の入場券には、「入学」と読める部分（切符の右側部分）があるのです。そのため、ご入学祝いなどで学駅の入場券がセットで売れています。例えば、「五枚セットでご入学」というかたちで、けっこう、全国の人に売れているのです。

あるいは、北海道の「幸福駅」（現在は廃駅）の切符《きっぷ》が売れたこともありました。

そのように、ＪＲも昔は非営利事業だったわけですが、そういうことを考えつけばマーケティングは可能なので、非営利事業でも意外に捨てたものではありません。

企画《きかく》に必要とされる「観の転回」「発想の転回」

また、特に許可をしたつもりはないのですが、私の生家《せいか》の近所にある衣料品店では、私が学生時代に着ていた学生服と同じボタンを、当会の信者向けに売っているらしいということを聞いています。

こういう話から、宗教として、〝お土産《みやげ》〟の開発がまだ十分にできていないことが隙《すき》としてあると分かります。つまり、「頒布《はんぷ》すべきものを持っていない」「開発部門がない」ということです。

こういうものは、地元に、「〈聖地〉エル・カンターレ生誕館」ができてから考えるようでは駄目《だめ》で、やはり、建てる前にいろいろと企画《きかく》をしなければいけないことはあるでしょう。

そのように、本来、「非営利」に見えるようなところでも、マーケティングはあり、「そこに来たら、いったい何が欲《ほ》しくなるだろうか」というようなことを考えるわけです。「自分たちに何がつくれるか」という発想もあるでしょうが、「それができたら、何が欲しいだろうか」「海外から来たら、何が欲しいだろうか」という発想もあるのです。

●〈聖地〉エル・カンターレ生誕館　大川隆法の郷里である徳島県吉野川市川島町に建立予定の宗教施設。

こうしたことを考えていかなければいけないので、「観の転回」「発想の転回」が必要であることを知ってほしいと思います。

8 「いいものを売りたい」という情熱が道を拓《ひら》く

お客様に気持ちを伝えるための秘訣《ひけつ》とは

それから、マーケティングにおいて、やはり営業的な側面も最終的に残ります。「それを売ることで、相手にご使用いただくこと、お読みいただくこと、ご覧いただくことが喜びで、うれしい」と感じ、「自分はこの仕事が好きだ」という思いが全身に表れている人は、多くのお客様に気持ちが伝わりやすいでしょう。自分が「よいものだ」と思っていればこそ、それを「相手に買っていただきたい」という情熱が湧《わ》いてくる面もあるので、やはり、その情熱の違《ちが》いは出てくるでしょう。

以前、私が東京正心館《しょうしんかん》で説法《せっぽう》をしたときに、当会の職員に対し、こんな注意をしたことがあります。

説法当日、私は、聴衆《ちょうしゅう》が集まったあとぐらいに会場入りすることが多いのですが、外に建っているテントに当会の本などが置いてあるのを見て、「あそこで、特に職員は本をみなさんに勧《すす》めたりすることはあるのですか」と訊《き》いたところ、特にしていないなかったのです。そこで、「多少、本をお勧めするぐらいはしたらどうですか」と言ったら、その後、するようになりました。

おそらく、このレベルの仕事は、全国には数多くあるでしょう。要するに、役所の受付のような気持ちでいる人がたくさんいるだろうと思うのです。「やろうがやるまいが、給料は変わらないし、売上や利益などが出るわけでもない」といった感じで、非営利法人をそのまま地《じ》で行《い》っているわけです。

ただ、非営利法人でもマーケティングはあるのですから、必要とされないものであれば、役所であっても統廃合《とうはいごう》されることがあります。基本的に、ニーズのない役所は潰《つぶ》れますし、生徒のいない学校は統廃合され、校長も教頭もいなくなることもあるわけです。

このように、非営利法人であってもマーケティングはあるのです。

「いかに優秀《ゆうしゅう》な生徒を集めるか」という学校マーケティング

マーケティングのなかには、コトラーが書いているように、学校のマーケティングもあります。その学校マーケティングとして何カ条か挙げられていますが、まず、「いかにして、優秀《ゆうしゅう》な生徒を集めるか」というようなことから始まっています。

要するに、「人が、その学校に魅力《みりょく》を感じて集まってくるようにするには、どうするか」というマーケティングをできるだけしなければいけません。つまり、特徴《とくちょう》を出さなければいけないわけです。

例えば、幸福の科学グループとしては、幸福の科学学園中学校・高等学校を地の利が悪い那須《なす》の山のなかにつくりました。通学もできないので寮《りょう》をつくったものの、普通《ふつう》であれば生徒がなかなか来てくれないような場所です。寮があるといっても、親と離《はな》れて住むのは寂《さみ》しいでしょう。そのように、不便なことがたくさんあるため、「快適さ」をつくるのもそれなりに大変ではありました。やはり努力をしなければいけないわけです。

このようななかで、優秀な生徒を集めるためには、どうすればよいでしょうか。一つには、地の利が悪い分、「学校内のソフトがよい。教える内容がよい」ことが必要でしょう。

また、「塾《じゅく》に通えない」という弱点に対しては、「塾に通えなくてもいい」と思えるようなプラスの点を、どのようにしてつくるかということになります。

そのため、「塾に通わなくてもいいような授業をする」、あるいは、「塾に代わるような、何らかの補完機能をつくる」といった独自の努力をしなければいけなかったわけです。

そこで、最初は「英語の教材をつくる」あたりから始めました。市販《しはん》では買えないような教材をつくり、それを勉強した人が実際に英検などにどんどん受かっていくところを見せたあたりから、最初の成功が始まったように思います。

そのように、「優秀な生徒を集めるための何か」は必要でしょう。これについては、企画《きかく》し、提案し、実際に効果があるかどうかを考えないといけないと思いますし、成果があった場合、それを上手にＰＲすることも大事なのではないかと思います。

したがって、「できない思考」ではなく、「どのように、マイナスのところをプラスに変えていくのか」ということを考えていることが大事なのです。

地の利が悪くても、英語に絞《しぼ》り込《こ》んで成功した国際教養大学

●HSU（ハッピー・サイエンス・ユニバーシティ）も、東京から少し離れた、千葉《ちば》県の外房《そとぼう》にある九十九里浜《くじゅうくりはま》のほうにできるため、東京から通うとするならば、若干《じゃっかん》きつく感じるような、ギリギリの場所かもしれません。

最近、文科省が推進している「スーパーグローバル大学」のなかに、旧帝大系《きゅうていだい》や私立の有名大学等以外にも、あまり名前が知られていない大学が選ばれていました。文科省らしいやり方ではありますが、「優《すぐ》れた大学には五億円をばら撒《ま》き、その次に発展性がある大学には三億円をばら撒く」というような〝賞金付き〟で、三十七校ほど選んでいたわけです。

そのなかの一つに、秋田県の国際教養大学があります。規模は小さいものの、東京外国語大学の学長だった方を、初代学長として連れてきて、すべての授業を

● HSU（ハッピー・サイエンス・ユニバーシティ）　2015年春、千葉県長生郡に開校する本格私学（創立者：大川隆法）。「幸福の探究と新文明の創造」を建学の精神とし、人間幸福学部、経営成功学部、未来産業学部からなる。

英語で行っている大学です。

秋田県の地の利の悪い山のなかにあるため、一年次は全寮制ですが、「ここを卒業した人は英語が使える」ということで、「就職率は百パーセントで、東大や一橋《ひとつばし》よりも上」というようなことが噂《うわさ》になり、たちまち偏差値《へんさち》まで上がってしまって、最高ランクに近いところまで来ているようです。そのため、「東大よりも難しいのではないか」という噂が立つぐらいになってきた面もあります。

東大の場合は、就職できない人がたくさんいます。東京大学新聞などを見ても、進路が〝白紙〟という人が数多くいるのです。「就職ができないので、大学院に行く」という手もありますが、「大学院を出たあとがない」という人もたくさんいるわけです。

そのように、英語に絞《しぼ》り込《こ》み、それを〝武器〟にしているところもありますが、秋田県の山のなかで成功するのであれば、「千葉県はもっと近いですよ」ということが言えるでしょう。それは、幸福の科学学園の中高でも使いましたし、九十九里浜のほうのＨＳＵでも同じように、徹底《てってい》的に語学だけでも使える人をつくれば、秋田県に行く途中《とちゅう》で〝下車〟させることは十分可能になります。

さらに、それにプラスして、「経営で成功するような〝遺伝子〟を植え込む」「理系であっても、経営者ができるような人間をつくる」となれば、やはり差がついてくるでしょう。

そのように、いろいろと作戦を考えてやっていくべきなのではないかと思います。

以上、マーケティングについて、導入部分に当たる話をしました。

第2章

質疑応答

二〇一四年十月十三日

東京都・幸福の科学 教祖殿《きょうそでん》 大悟館《たいごかん》にて

「口コミ」や「評判」で商品やサービスを広げるには

【質問】　マーケティングにおいては、「口コミ」や「評判」というものが大事だと思いますが、こうしたものによって商品やサービスを広げていくためのポイントについて、教えていただければと思います。

兵法にも通じるマーケティングの手法

大川隆法　第１章で兵法の話もしましたが、基本的には、「兵は詭道《きどう》なり」という言葉があるように、「実《じつ》と見せて虚《きょ》。虚と見せて実」「本当だと思ったら嘘《うそ》。嘘だと思ったら本当」ということがあります。

本当に軍隊がいるように見せて、実はおらず、旗だけが立っているというのは「虚」でしょう。しかし、「実」は、軍隊がいないかと思ったら、伏兵《ふくへい》がたくさんいて襲《おそ》われるということもあります。このように、虚実が取り混ぜられるところがあるのですが、そういうものは宣伝、広告等にも入ってくることがあるわけです。

例えば、体が痩《や》せるという、ダイエットの機械や道具、薬などに、よく小さな字で、「人によって個人差があります」などと書いてあるものがあります。あるいは、「皮膚《ひふ》がツルツルになる」「髪《かみ》の毛が生《は》えてくる」「黒くなる」などという商品にも、「個人差がございます」「人によっては、合わない場合があります」と、小さく書いてあることがあるのです。要するに、売ろうとしてみな、ギリギリいっぱいまで、やっていることは事実でしょう。

また、「一週間、無料でお使いいただけます」と言って送りつけるやり方もあります。結局、送り返すのは面倒《めんどう》なため、そのまま買ってしまう人が多いのですが、そういうことを考えるところもあるわけです。

マーケティングの基本中の基本となる「顧客《こきゃく》ロイヤリティー」

ともかく、いろいろなやり方はあるとは思うのですが、最終的には、やはり、「よいものを選んで、相手の値打ちを下げないようにする」というところにフォーカスすべきでしょう。そうしないで、「自分のところの在庫をさばこう」「悪いものでも、よいもののように見せて売ろう」「安いものを高く売ろう」とした場合は、どこかで〝化《ば》けの皮〟が剝《は》がれ、客は逃《に》げていくわけです。

しかし、本当によいものであれば、買ったときには、「損したかな」とか、「ああ、しまった。散財《さんざい》した」とか思うことがあっても、あとあと時間がたってから、「ああ、とてもよいものを知っていますね」などと、人からほめられたりするものです。自分が知らないだけで、ほかに詳《くわ》しい人がいるということもあるからです。

例えば、服の繊維《せんい》などでも、いろいろと種類の違《ちが》いがありますし、そういうものに詳しい人もいるでしょう。自分がたまたま詳しくないために、「高めの服を買ってしまった」と反省していても、ＰＴＡの会合などにそれを着て出たときに、詳しい人が見て、「わあっ、これは普通《ふつう》の生地《きじ》ではないですね。ウール（毛）ではないし、カシミヤでもない。ほかの素材が入っていますね。これは、アルパカが入っているものでしょう」と言われるようなことがあるわけです。そうなると、周りの人たちが、「えっ!?」という感じで見てくれるので、「顧客満足《こきゃく》」が出てくるのです。

店側は、売るときにそういうことを説明しているでしょうが、買った本人は、聞いていてもよく分からないということはあります。しかし、あとから詳しい人に指摘《してき》されると、「ああ、そうか。そんなによいものだったのか」と気がつくことがあるわけです。それは、〝おまけ〟があとから出てくるような感じであり、思っていたよりも実際はよいものであったと分かるようなことがあると、「顧客ロイヤリティー」が出てくるのです。

これは、マーケティングにおいては、基本中の基本でしょう。「ロイヤリティー」とは「忠誠心」のことですけれども、「ここはよい」と思うと、繰《く》り返し使ってくださるわけです。

ホテルなどはたいていそうです。例えば、ザ・リッツ・カールトンは「顧客ロイヤリティーが世界一で、何回でも泊《と》まりたくなる」と言われています。向こうは客の顔を覚えていて、「いらっしゃいませ」ではなく、「お帰りなさいませ」と言ってくることがありますし、客の名前を覚えていることもあります。また、連《れん》絡《らく》が行き渡《わた》っていて、以前に、お客からニーズとして出たものは、同じチェーンのほかのところでも、その客が泊まるときには、きちんと用意していたりするのです。

こうなると、「どこに泊まっても同じぐらいのサービスをしてくれる」と思えて、顧客ロイヤリティーが出てくるわけです。

世界最高級のホテルで経験した〝おかしな〟サービス

ただ、反対に、困る場合もあります。「フォーシーズンズ　ホテル」という、世界最高級のホテルがありますが、私が世界各地でそのホテルに泊まっても、必ず部屋にユリの花が出てくるのです。フォーシーズンズ ホテルは四季に合わせたホテルなのでしょうが、ニューヨークでもユリの花が出てきて、バリ島でもユリの花が出てくるのです。

「何か、おかしいな」と思ったら、向こうの担当者が私の秘書に連絡を入れていたようで、「どのようなお花がお好きですか」という問い合わせに、秘書が「ユリの花がお好きだと思います」と答えていたらしいのです。

その情報が、コンピュータにインプットされ、世界中のフォーシーズンズ ホテルに回っていたわけで、〝指名手配〟ではありませんが、どこに行っても、ユリの花が出てきました。季節や場所にかかわらず、同じユリの花が、赤道直下でも出てくるのです。どう考えてもおかしいので聞いてみたところ、そう答えた秘書がいたことが分かりました。

「なぜ、そう答えたのか」と秘書に訊《き》いてみたのですが、私から聞いたのではないわけです。どうやら、『太陽の法』（幸福の科学出版刊）には、ユリの花の姿をした金星人が出てくるし、アニメ映画の「太陽の法」にもユリ星人が出てくるので、「大川総裁は、ユリの花が好きなのだ。最初に創ったのがそれなのだから、好きに決まっている」という〝刷り込《こ》み〟が入っていたようなのです（会場笑）。

それで、〝フォーシーズンズ〟に関係なく、必ずユリの花が出てきていたわけですが、その理由は、私が訊かなければ分かりませんでした。

このように、〝複雑な組織〟もあるので、他の人が答えていて、それが本人の答えではない場合、必ずしも客のニーズに応《こた》えているとは言えないこともあります。「地元の美しい花が出てきてもよいはずなのに、どこでもユリの花が出てくるのはおかしい」というようなことがあるわけです。

このように、今はコンピュータ社会であり、情報がすべてインプットされて流されるため、なかなか難しいところがあります。何かの理由で断《ことわ》ったりすると、「これは絶対タブー」ということで情報が回ってしまい、それを食べたいとか、欲《ほ》しいとかいうときに、ない場合もあるのです。情報管理はされているのでしょうが、「客の嗜《し》好《こう》の変化」にまでついていけるかどうかは難しいところでしょう。

優秀《ゆうしゅう》なセールスマンが「顧客《こきゃく》ロイヤリティー」をつかめる理由

とにかく、基本としては、誠実でなければいけません。財布《さいふ》に合わせた買い物でよいのですが、値段の高い、安いは別として、相手に「買って損をした」と思わせたらいけないわけです。

やはり、あとになったら値打ち感が出てくるような感じがよいでしょう。「あそこで食べたものはおいしかったな」などと、ときどきふと思い出すような感じのものをつくっていれば、客はリピートしてくれます。

しかし、「もう二度と思い出さない」というのはよくないですし、「悪い思い出しかない」となれば、さらによくないでしょう。お客様相手の場合、悪い感情を抱《いだ》かせたら、そのあとはなかなか続かないところがあるわけです。

したがって、攻《せ》めるときは攻めなければいけないけれども、退《ひ》くべきときには退かなければいけません。相手が「嫌《いや》だ」と思っているようであれば、退かなければいけないわけで、その加減はとても難しいのです。

そういう意味では、本当に優秀《ゆうしゅう》なセールスマンは、ごり押《お》しが強いセールスマンではなく、適度に退くのが上手な方です。たとえ自分のところの自慢《じまん》の商品であっても、相手に似合っていないものや、相手が求めていない、あるいは欲しがっていないと思われるものは、無理に売らないようにします。

「本当に相手に似合う」とか、「気に入ってもらえる」とか、「あとで値打ち感を感じてもらえる」というものを売ることに徹底《てってい》しているところが、顧客《こきゃく》ロイヤリティーをつかめる理由なのではないでしょうか。

「売上最大・経費最小」という考えに潜《ひそ》む落とし穴

もちろん、会社としては利幅《りはば》が大きければ大きいほどよいし、安いものが高く売れたら利幅は大きくなります。このことは、京セラをつくり、ＪＡＬ《ジャル》の再建をした稲盛和夫《いなもりかずお》さんも簡単に教えており、「『売上最大、経費最小』にしたら、利益幅は最大になるのだ。売上を最大にして、経費を最小にせよ」と言っています。

しかし、この考えには落とし穴があります。それは、顧客ロイヤリティーに必ずしも合わない場合があるからです。

例えば、ＪＡＬで経費最小にしたら、「修理部門などで手を抜《ぬ》くのではないか」と恐《おそ》れられ、政府専用機の整備がＪＡＬからＡＮＡ《アナ》に移ったりするようなことがあるわけです。

これには、政権政党が民主党から自民党に代わったことも関係があるとは思います。しかし、整備のところで手を抜かれ、毎日行っていたことを「一週間に一回にする」とか、「月に一回にする」とかしてだんだん減らされると、事故が起きやすくなるでしょうし、たまたま、首相が乗っている飛行機で事故でも起こされたらたまりません。

そういう意味では、「『経費最小』と言っているところは、やはり怖《こわ》い」と、客が反応する場合もあることを知っておいたほうがよいのです。

「経費最小」より「顧客満足《こきゃく》」を優先すべき場合

要するに、「経費最小」ということは、一時的な会社の再建には役に立ちますが、顧客《こきゃく》ロイヤリティーを得るという意味では、それが外に見えるのはあまりよいことではありません。つまり、「精いっぱいサービスをしているように見えなければ、顧客ロイヤリティーは得られない」ということなのです。

もし、本当はどこかで値段を叩《たた》いて仕入れを安くしていたとしても、やはり、それが安いものに見えるようでは駄目《だめ》です。例えば、最高級の機内サービスを出すにしても、「このお弁当の素材は、最高級のものを選んでつくっています」と言えないようでは、顧客ロイヤリティーは得られません。

それは、業種によって違うと思うのです。安売り店であれば、どこでつくっても、どこから仕入れても構わないのかもしれませんが、高級感を売りにしているようなところであれば、これは明らかに、考え方としては違うところがあります。

「高級感」を売っている場合、客は、値段を問題にしているのではなく、「快適さ」や「満足感」を求めているわけです。十何時間も飛ぶ飛行機に乗るのは非常に窮屈《きゅうくつ》なことですので、「いかに快適か」「いかによく眠《ねむ》れたか」「いかに今回の旅は楽だったか」「到着《とうちゃく》したあと、いかに仕事がスムーズにできたか」など、そういうことが大事であるわけです。もし、機内でよく眠れなければ、着いたあとの仕事は、会議にせよ、営業にせよ、何をしようとも、おそらくうまくいかないはずです。

そこで、よく眠れるようにするために、座席の改良やランプの改良、あるいは、通路やトイレなど、いろいろなものの改善や、サービス時間帯の見直し等をする必要があるわけです。これらは、一見《いっけん》、経費が高いように見えても、実は高くない面があるのです。

例えば、「国際線のジェット機では、ファーストクラスの席さえ埋《う》まれば、ほかに客がまったく乗らなくても黒字になる」と言われているぐらいなので、そういう高級客に対しては、費用を削《けず》るよりも、プラスアルファとして、「どのようにしたらご満足いただけるか」ということを考え、イノベーションし続けなければいけません。このように、逆の場合もあるわけです。

客の立場であるにもかかわらず怒《おこ》られた経験

しかし、乗り継《つ》ぎをする場合など、飛行機によっては、ファーストクラスがない路線もあります。

ジェット機などの場合、食事を出せなくなるギリギリの時間があるため、うとうとと寝《ね》ているときには、普通、ＣＡ（キャビン・アテンダント）がその前に声をかけてくれます。

あとで「機内サービスが出なかった」と言って怒《おこ》る客がいますので、「お食事はされないのでしょうか」と、一声《ひとこえ》かけてくれることが多いと思います。

しかし、香港《ホンコン》経由の飛行機を使ったとき、私は目を開けていると疲《つか》れるので目をつぶって、寝ていたわけではないのですが、うとうとしているような格好をしていたら、ほかの人には機内サービスが出ているのに、私には何も出されないままに着陸してしまったことがありました。

そこで、香港出身のＣＡに、英語で、「なぜ起こして、朝食の案内をしてくれなかったのか」と文句《もんく》を言ったところ、「前の袋《ふくろ》を見てみろ」と言うわけです。袋を開けてみたら、歯磨《はみが》きセットや化粧品《けしょうひん》などとともに、「食事のときに私を起こしてください」と書かれたシールが入っていました。

そのＣＡは、「それを座席に貼《は》っていれば起こしてやったのだから、貼っていなかったあなたが悪い」と言うのです。

「そこに書いてあるとおりで、私は何にも間違っていない。これを貼っておけば、ちゃんと声をかけた。寝ているのを起こしてはいけないから起こさなかったのだ。だから、あなたが悪い」と言ってきたので、私がさらにたたみかけて言うと、向こうは「この人が文句言うんだけど……」と、男の人まで呼んできました。

そして、「われわれには一切《いっさい》の落ち度がない。ちゃんとこういうふうな仕組みになっているのだ」と、二人で私を説得にかかってきたのです。

しかし、初めて乗った場合には、そんなことが分かるのかということです。トイレに行く人には歯磨きセットぐらいは分かるでしょうが、眠っている人はシールを外に貼らなければ声をかけてもらえないということは、分からないのではないでしょうか。ここを何度も使っている人には分かるのでしょうけれども、初めての人にはなかなか分からないはずです。

特に、高級な路線から、ほかの短い路線に乗り換《か》えるときなどは、そこだけサービスレベルが落ちる場合があります。それが、そういう仕組みになっていると知らなかった場合には、「食事抜きで移動」ということもありえるわけで、私自身、そういう経験をしたのです。

ただ、ＣＡに「食事が出なかった」と言ったことによって、あれほど客が怒られるのも珍《めずら》しいことで、「それはないだろう」と思ったことがありました。

あちらのほうの人の場合は、そういうものが置いてあれば、必ず開けてなかを見るような習慣があるのかもしれませんが、日本人の場合、それは、朝起きてから、歯を磨いたり、顔を洗ったり、ひげ剃《そ》りをしたりするときに使う洗顔パックですから、そういうときでなければ開けないで、そのままの人も多いと思います。ただ、あのあたりの国民性からすれば、もう、座《すわ》るや否《いな》や、開けて全部調べないと気の済まない人がおそらく多く、それでシールに気づくのでしょう。

そのようなわけで、「そういう仕組みになっているのだから、こちらには何の落ち度もない」と怒られて、「なぜ客が怒られなければいけないのだろうか」と思ったことがありました。

「賃金《ちんぎん》の差がサービスの差になる」と知ったニューヨークの体験

私が商社時代に、ニューヨークオフィスで仕事をしていたときにも、このような言い方をされた経験があります。賃金《ちんぎん》が「週当たり何ドル」と決まっていて、ファイリングだけをするような、いちばん安いレベルのアメリカ人の事務員に、それ以外の仕事を頼《たの》むと、「いや。それはプラスアルファの仕事だから、私の契《けい》約《やく》には載《の》っていない」と怒られるのです。

私も、そういう人に、「書類をどこそこに持っていってくれ」と頼んだら、「私はファイリングで契約しているから、それ以外の仕事は契約違反《いはん》だ」と怒られた経験がありますが、「そんなことを言うのか」と思いました。手が空《あ》いていれば誰《だれ》でも手伝ってくれるものだと思っていたら、断られる場合もあるということに、ちょっと驚《おどろ》きました。そのときに、「賃金によってサービスに差がある」ということを知ったのです。

ただ、前述の例のように、まさかＣＡをしているような人でも、そんなレベルの仕事をしていたことには、少しショックを受けました。日本人客の場合、「食べ損《そこ》ねて運賃を損した」と思っていても、一言《ひとこと》、「ちょっと注意が行き届きませんでした」と言ってくれれば、どうにか気持ちも収まり、納得《なっとく》はいくと思うのです。

良心的に最高のものを提供し、「顧客《こきゃく》ロイヤリティー」を獲得《かくとく》せよ

とにかく、難しいことではありますけれども、最終的に、「自己防衛型」になってはいけませんし、「会社防衛型」で、会社の立場ばかりを一生懸命《いっしょうけんめい》に説明するようになっても、長い目で見たら、繁栄《はんえい》がなくなるでしょう。やはり、会社の立場ではなく、「お客様第一」でなければいけないと思います。

以前お話をして、すでに本になっている『希望の経済学入門』（幸福の科学出版刊）のなかに、「自社の役員を店から追い出してでも、私を店内に招き入れ、商品を買わせた店員の話」を書きました。

そうしたことは、社内秩序《ちつじょ》から見るといけないことだとは思うのですが、「顧《こ》客《きゃく》第一主義」という意味で、こちらを優先したのだと思います。

外に、〝獲物《えもの》〟として、確実に手に入る可能性がある者がいるにもかかわらず、内部（自社役員）にサービスをしていてはいけないと判断し、切り替《か》えたのでしょうから、これも「顧客第一主義」であることは確かです。

会社や自分の立場を一生懸命言いたくなる気持ちが出てくることもあるでしょうが、しかし、それは最終のことで、それを先に出してくるようではいけません。「わが社の方針」や「わが店の方針」などということばかりが先に立つようでは駄目であり、基本的にはお客様の考えが優先なのだということです。

「うちではできないサービスがある」、「うちにはない品がある」などということは、最後の言い訳の部分なのだということです。そして、買ったものについて、あとで「損をした」とお客様に思われるようでは、そこに「顧客ロイヤリティー」はないのです。

あるいは、そのサービスを受けて、「もう二度とこのホテルは使わない」「二度とこのエアラインは使わない」「ここは怖い」「ここは事故が出るかもしれない」「この車は故障が多い」といった噂《うわさ》が立つと、もう終わりです。

例えば、「この車はブレーキの故障が多い」という噂が立てば、もう売れないでしょう。「この車は燃費がよくて、走行距離《きょり》も長く、最高速度になるまでの時間がとても短いのです」などと、口でいくらうまく、いろいろといいことをたくさん言ったとしても、もし「ブレーキが利《き》かない」という欠点があったとしたら、それが口コミやインターネットで広がり、あっという間に売れなくなることがある時代なのです。

やはり、良心的に、最高のものを提供することを考えなければいけないのではないかと思います。

あとがき

「マーケティング」といっても、たいていの人は、「販売」か、「販売促進」「新規顧客の開拓」「広告」ぐらいの意味で使っている。全くの間違いではないが、十分ではない。P・F・ドラッカーが「マーケティングとは販売ではない。販売を不要とすることだ。」という趣旨のことをなぜ言ったのか考えてみよう。

銀座でアップル社の新商品が出たりすると、前の日の夜から人の行列ができている。それを知らない人は、人数の多さに仰天《ぎょうてん》する。会社側のしたたかなマーケティング戦略がその背景にはある。

ニーズ（必要）を見つけ出して売り込むことは基本中の基本だが、まだ誰も知らないニーズを創造することも大切だ。冬場に暖房システムが普及すれば、「ぜんざい」と一緒に「かき氷」も売れる。現在ではあたり前の風景だが、初めて企画した人には「勇気」もいったろう。「熱意」や「勇気」もまた、実戦マーケティングには必要なのだ。

二〇一五年　三月十八日

幸福《こうふく》の科学《かがく》グループ創始者兼総裁《そうししゃけんそうさい》

HSU（ハッピー・サイエンス・ユニバーシティ）創立者《そうりつしゃ》　大川隆法《おおかわりゅうほう》

『実戦マーケティング論入門』大川隆法著作関連書籍

『太陽の法』（幸福の科学出版刊）
『忍耐の法』（同右）
『知的青春のすすめ』（同右）
『「経営成功学」とは何か』（同右）
『ザ・ヒーリングパワー』（同右）
『希望の経済学入門』（同右）
『忍耐の時代の経営戦略』（同右）
『イノベーション経営の秘訣――ドラッカー経営学の急所――』（同右）
『松下幸之助「事業成功の秘訣」を語る』（同右）

実戦《じっせん》マーケティング論入門《ろんにゅうもん》
——経営を成功に導くための市場戦略——

2015年3月27日　初版第1刷

著　者　　大《おお》　川《かわ》　隆《りゅう》　法《ほう》

発行所　　幸福の科学出版株式会社

〒107-0052　東京都港区赤坂2丁目10番14号
TEL(03)5573-7700
http://www.irhpress.co.jp/

印刷・製本　株式会社 東京研文社

落丁・乱丁本はおとりかえいたします

ISBN978-4-86395-579-0 C0030

大川隆法 ベストセラーズ・「HSU シリーズ」

「経営成功学」とは何か

百戦百勝の新しい経営学

経営者を育てない日本の経営学!? アメリカをダメにしたMBA――!? HSU（ハッピー・サイエンス・ユニバーシティ）の「経営成功学」に託された経営哲学のニュー・フロンティアとは。

1,500円

実戦起業法

「成功すべくして成功する起業」を目指して

起業を本気で目指す人、必読！ 事業テーマの選択や人材の養成・抜擢の勘所など、未来の大企業をつくりだす「起業論」の要諦が、この一冊に。

1,500円

経営の創造

新規事業を立ち上げるための要諦

才能の見極め方、新しい「事業の種」の探し方、圧倒的な差別化を図る方法など、深い人間学と実績に裏打ちされた「経営成功学」の具体論が語られる。

2,000円

経営が成功するコツ

実践的経営学のすすめ

付加価値の創出、マーケティング、イノベーション、人材育成……。ゼロから事業を起こし、大企業に育てるまでに必要な「経営の要諦」が示される。

1,800円

※表示価格は本体価格（税別）です。

大川隆法ベストセラーズ・「HSUシリーズ」

危機突破の社長学

一倉定の「厳しさの経営学」入門

経営の成功とは、鍛え抜かれた厳しさの中にある。生前、5000社を超える企業を立て直した、名経営コンサルタントの社長指南の真髄がここに。

1,500円

イノベーション経営の秘訣

ドラッカー経営学の急所

わずか二十数年で世界百カ国以上に信者を持つ宗教組織をつくり上げた著者が、20世紀の知的巨人・ドラッカーの「経営思想」の勘所を説き明かす。

1,500円

「経営成功学の原点」としての松下幸之助の発想

「商売」とは真剣勝負の連続である!「ダム経営」「事業部制」「無借金経営」等、経営の神様・松下幸之助の経営哲学の要諦を説き明かす。

1,500円

財務的思考とは何か

経営参謀としての財務の実践論

資金繰り、投資と運用、外的要因からの危機回避……。企業の命運は「財務」が握っている! ドラッカーさえ知らなかった「経営の秘儀」が示される。

3,000円

幸福の科学出版

大川隆法霊言シリーズ・経営者シリーズ

松下幸之助「事業成功の秘訣」を語る

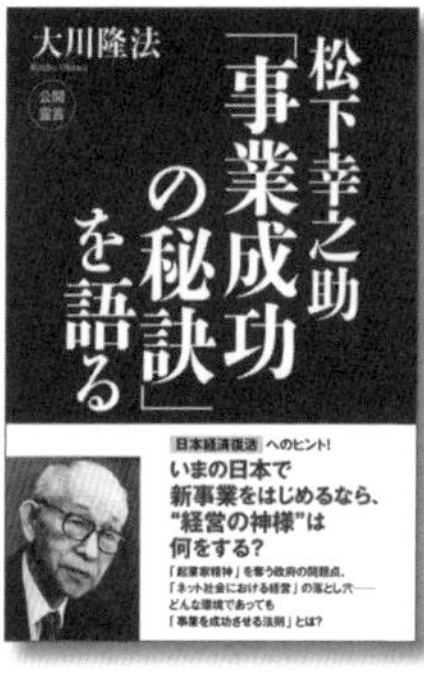

デフレ不況に打ち克つ組織、「ネット社会における経営」の落とし穴など、景気や環境に左右されない事業成功の法則を「経営の神様」が伝授!

1,400円

柳井正社長の守護霊インタビュー ユニクロ成功の霊的秘密と世界戦略

反日暴動でもユニクロが中国から撤退しない理由とは──。「逆張り」の異端児・柳井社長守護霊が語った、ユニクロ戦略の核心と、その本音に迫る!

1,500円

三木谷浩史社長の守護霊インタビュー 「楽天」とIT産業の未来

キャッシュレス、ネット選挙、個人情報の寡占化……。誰も知りえなかった楽天・三木谷社長の本心を、守護霊インタビューで明らかにする。

1,400円

※表示価格は本体価格(税別)です。

大川隆法ベストセラーズ・発展する企業をつくる

経営入門

人材論から事業繁栄まで

豪華装丁
函入り

経営規模に応じた経営の組み立て方など、強い組織をつくるための「経営の急所」を伝授。

9,800円

社長学入門

常勝経営を目指して

豪華装丁
函入り

デフレ時代を乗り切り、組織を成長させ続けるための経営哲学、実践手法が網羅された書。

9,800円

未来創造のマネジメント

事業の限界を突破する法

豪華装丁
函入り

変転する経済のなかで、成長し続ける企業とは、経営者とは。戦後最大級の組織をつくり上げた著者による、現在進行形の経営論がここに。

9,800円

大川隆法ベストセラーズ・発展する企業をつくる

忍耐の時代の経営戦略

企業の命運を握る３つの成長戦略

豪華装丁
函入り

2014年以降のマクロ経済の動向を的確に予測！ これから厳しい時代に突入する日本において、企業と個人がとるべき「サバイバル戦略」を示す。

10,000円

逆転の経営術

守護霊インタビュー
ジャック・ウェルチ、カルロス・ゴーン、
ビル・ゲイツ

豪華装丁
函入り

会社再建の秘訣から、逆境の乗りこえ方、そして無限の富を創りだす方法まで——。世界のトップ経営者3人の守護霊が経営術の真髄を語る。

10,000円

智慧の経営

不況を乗り越える常勝企業のつくり方

豪華装丁
函入り

不況でも伸びる組織には、この8つの智慧がある——。26年で巨大グループを築き上げた著者の、智慧の経営エッセンスをあなたに。

10,000円

※表示価格は本体価格（税別）です。

大川隆法シリーズ・最新刊

アイム・ハッピー

悩みから抜け出す５つのシンプルなヒント

思い通りにいかないこの人生……。そんなあなたを「アイム・ハッピー」に変える、いちばんシンプルでスピリチュアルな「心のルール」。

1,500円

ニュートンの科学霊訓

「未来産業学」のテーマと科学の使命

人類の危機を打開するために、近代科学の祖が示す「科学者の緊急課題」とは──。未知の法則を発見するヒントに満ちた、未来科学への道標。

1,500円

ローラの秘密

いま、いちばん人気のある天然キャラ・ローラの素顔をスピリチュアル・インタビュー。みんなから愛されるキラキラ・オーラの秘密を大公開！

1,400円

幸福の科学出版

大川隆法「法シリーズ」・**最新刊**

智慧の法

法シリーズ
第21作

心のダイヤモンドを輝かせよ

現代における悟りを多角的に説き明かし、
人類普遍の真理を導きだす――。
「人生において獲得すべき智慧」が、
今、ここに語られる。
著者渾身の「法シリーズ」最新刊

2,000円

第1章　繁栄への大戦略
――一人ひとりの「努力」と「忍耐」が繁栄の未来を開く
第2章　知的生産の秘訣　――付加価値を生む「勉強や仕事の仕方」とは
第3章　壁を破る力　――「ネガティブ思考」を打ち破る「思いの力」
第4章　異次元発想法　――「この世を超えた発想」を得るには
第5章　智謀のリーダーシップ　――人を動かすリーダーの条件とは
第6章　智慧の挑戦　――憎しみを超え、世界を救う「智慧」とは

幸福の科学出版　※表示価格は本体価格(税別)です。

大川隆法 製作総指揮
長編アニメーション映画
UFO学園の秘密
The Laws of The Universe Part 0
信じるから、届くんだ。
STORY
ナスカ学園のクラスメイト5人組は、文化祭で発表する研究テーマに取り組んでいた。そんなある日、奇妙な事件に巻き込まれる。その事件の裏には「宇宙人」が関係しており、そこに隠された「秘密」も次第に明らかになって……。超最先端のリアル宇宙人情報満載！ 人類未確認エンターテイメント、ついに解禁！
監督／今掛勇　脚本／「UFO学園の秘密」シナリオプロジェクト
音楽／水澤有一　アニメーション制作／HS PICTURES STUDIO
本年秋、全国一斉ロードショー！
Hi!!!
UFO後進国日本の目を覚まそう！
UFO学園 検索

学部のご案内

人間幸福学部

人間学を学び、新時代を切り拓くリーダーとなる

人間の本質と真実の幸福について深く探究し、
高い語学力や国際教養を身につけ、人類の幸福に貢献する
新時代のリーダーを目指します。

経営成功学部

企業や国家の繁栄を実現し、未来を創造する人材となる

企業と社会を繁栄に導くビジネスリーダー・真理経営者や、
国家と世界の発展に貢献し
未来を創造する人材を輩出します。

未来産業学部

新文明の源流を創造するチャレンジャーとなる

未来産業の基礎となる理系科目を幅広く修得し、
新たな産業を起こす創造力と企業家精神を磨き、
未来文明の源流を開拓します。

校舎棟の正面

学生寮

体育館

住所 〒299-4325 千葉県長生郡長生村一松丙 4427-1
TEL.0475-32-7770

Noblesse《ノーブレス》 Oblige《オブリージ》　「高貴なる義務」を果たす、「真のエリート」を目指せ。

幸福の科学学園
中学校・高等学校（那須本校）

Happy Science Academy Junior and Senior High School

私は、
教育が人間を創ると
信じている一人である。
若い人たちに、
夢とロマンと、精進、
勇気の大切さを伝えたい。
この国を、全世界を、
ユートピアに変えていく力を
出してもらいたいのだ。

（幸福の科学学園 創立記念碑より）

幸福の科学学園 創立者
大川隆法

幸福の科学学園（那須本校）は、幸福の科学の教育理念のもとにつくられた、男女共学、全寮制の中学校・高等学校です。自由闊達な校風のもと、「高度な知性」と「徳育」を融合させ、社会に貢献するリーダーの養成を目指しており、2015年4月には開校五周年を迎えます。

幸福の科学グループの教育事業

Noblesse《ノーブレス》 Oblige《オブリージ》

「高貴なる義務」を果たす、
「真のエリート」を目指せ。

幸福の科学学園
関西中学校・高等学校

Happy Science Academy Kansai Junior and Senior High School

私は日本に
真のエリート校を創り、
世界の模範としたい
という気概に満ちている。
『幸福の科学学園』は、
私の『希望』であり、
『宝』でもある。
世界を変えていく、
多才かつ多彩な人材が、
今後、数限りなく
輩出されていくことだろう。
（幸福の科学学園関西校 創立記念碑より）

幸福の科学学園 創立者
大川隆法

滋賀県大津市、美しい琵琶湖の西岸に建つ幸福の科学学園（関西校）は、男女共学、通学も入寮も可能な中学校・高等学校です。発展・繁栄を校風とし、宗教教育や企業家教育を通して、学力と企業家精神、徳力を備えた、未来の世界に責任を持つ「世界のリーダー」を輩出することを目指しています。

幸福の科学学園・教育の特色

「徳ある英才」の創造

教科「宗教」で真理を学び、行事や部活動、寮を含めた学校生活全体で実修して、ノーブレス・オブリージ(高貴なる義務)を果たす「徳ある英才」を育てていきます。

体育祭

天分を伸ばす「創造性教育」

教科「探究創造」で、偉人学習に力を入れると共に、日本文化や国際コミュニケーションなどの教養教育を施すことで、各自が自分の使命・理想像を発見できるよう導きます。さらに高大連携教育で、知識のみならず、知識の応用能力も磨き、企業家精神も養成します。芸術面にも力を入れます。

探究創造科発表会

一人ひとりの進度に合わせた「きめ細やかな進学指導」

熱意溢れる上質の授業をベースに、一人ひとりの強みと弱みを分析して対策を立てます。強みを伸ばす「特別講習」や、弱点を分かるところまでさかのぼって克服する「補講」や「個別指導」で、第一志望に合格する進学指導を実現します。

授業の様子

自立心と友情を育てる「寮制」

寮は、真なる自立を促し、信じ合える仲間をつくる場です。親元を離れ、団体生活を送ることで、縦・横の関係を学び、力強い自立心と友情、社会性を養います。

毎朝夕のお祈りの時間

幸福の科学学園の進学指導

1 英数先行型授業

受験に大切な英語と数学を特に重視。「わかる」(解法理解)まで教え、「できる」(解法応用)、「点がとれる」(スピード訓練)まで繰り返し演習しながら、高校三年間の内容を高校二年までにマスター。高校二年からの文理別科目も余裕で仕上げられる効率的学習設計です。

2 習熟度別授業

英語・数学は、中学一年から習熟度別クラス編成による授業を実施。生徒のレベルに応じてきめ細やかに指導します。各教科ごとに作成された学習計画と、合格までのロードマップに基づいて、大学受験に向けた学力強化を図ります。

3 基礎力強化の補講と個別指導

基礎レベルの強化が必要な生徒には、放課後や夕食後の時間に、英数中心の補講を実施。特に数学においては、授業の中で行われる確認テストで合格に満たない場合は、できるまで徹底した補講を行います。さらに、カフェテリアなどでの質疑対応の形で個別指導も行います。

4 特別講習

夏期・冬期の休業中には、中学一年から高校二年まで、特別講習を実施。中学生は国・数・英の三教科を中心に、高校一年からは五教科でそれぞれ実力別に分けた講座を開講し、実力養成を図ります。高校二年からは、春期講習会も実施し、大学受験に向けて、より強化します。

詳しい内容、パンフレット、募集要項のお申し込みは下記まで。

幸福の科学学園 関西中学校・高等学校

〒520-0248
滋賀県大津市仰木の里東2-16-1
TEL.077-573-7774
FAX.077-573-7775
[公式サイト]
www.kansai.happy-science.ac.jp
[お問い合わせ]
info-kansai@happy-science.ac.jp

幸福の科学学園 中学校・高等学校

〒329-3434
栃木県那須郡那須町梁瀬 487-1
TEL.0287-75-7777
FAX.0287-75-7779
[公式サイト]
www.happy-science.ac.jp
[お問い合わせ]
info-js@happy-science.ac.jp

仏法真理塾

サクセスNo.1

未来の菩薩を育て、仏国土ユートピアを目指す！

仏法真理塾「サクセスNo.1」とは

宗教法人幸福の科学による信仰教育の機関です。信仰教育・徳育にウエイトを置きつつ、将来、社会人として活躍するための学力養成にも力を注いでいます。

サクセスNo.1 東京本校（戸越精舎内）

「サクセスNo.1」のねらいには、「仏法真理と子どもの教育面での成長とを一体化させる」ということが根本にあるのです。

大川隆法総裁　御法話『サクセスNo.1』の精神」より

エンゼルプランV

信仰教育をベースに、知育や創造活動も行っています。

信仰に基づいて、幼児の心を豊かに育む情操教育を行っています。また、知育や創造活動を通して、ひとりひとりの子どもの個性を大切に伸ばします。お母さんたちの心の交流の場ともなっています。

TEL 03-5750-0757　FAX 03-5750-0767
メール angel-plan-v@kofuku-no-kagaku.or.jp

ネバー・マインド

不登校の子どもたちを支援するスクール。

「ネバー・マインド」とは、幸福の科学グループの不登校児支援スクールです。「信仰教育」と「学業支援」「体力増強」を柱に、合宿をはじめとするさまざまなプログラムで、再登校へのチャレンジと、進路先の受験対策指導、生活リズムの改善、心の通う仲間づくりを応援します。

TEL 03-5750-1741　FAX 03-5750-0734
メール nevermind@happy-science.org

ユー・アー・エンゼル!(あなたは天使!)運動

障害児の不安や悩みに取り組み、ご両親を励まし、勇気づける、障害児支援のボランティア運動です。学生や経験豊富なボランティアを中心に、全国各地で、障害児向けの信仰教育を行っています。保護者向けには、交流会や、医療者・特別支援教育者による勉強会、メール相談を行っています。

TEL 03-5750-1741　FAX 03-5750-0734
メール you-are-angel@happy-science.org

シニア・プラン21

生涯反省で人生を再生・新生し、希望に満ちた生涯現役人生を生きる仏法真理道場です。週1回、開催される研修には、年齢を問わず、多くの方が参加しています。現在、全国8カ所（東京、名古屋、大阪、福岡、新潟、仙台、札幌、千葉）で開校中です。

東京校 TEL 03-6384-0778　FAX 03-6384-0779
メール senior-plan@kofuku-no-kagaku.or.jp

入会のご案内

あなたも、幸福の科学に集い、ほんとうの幸福を見つけてみませんか？

幸福の科学では、大川隆法総裁が説く仏法真理をもとに、
「どうすれば幸福になれるのか、また、
他の人を幸福にできるのか」を学び、実践しています。

入会

大川隆法総裁の教えを信じ、学ぼうとする方なら、どなたでも入会できます。入会された方には、『入会版「正心法語」』が授与されます。（入会の奉納は1,000円目安です）

ネットでも**入会**できます。詳しくは、下記URLへ。
happy-science.jp/joinus

三帰《さんき》誓願《せいがん》

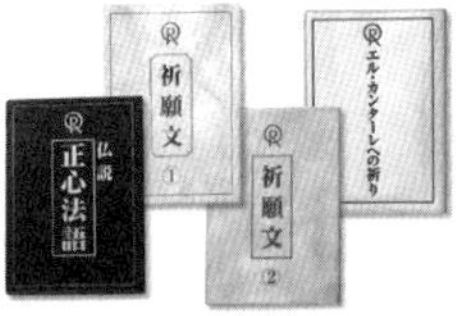

仏弟子としてさらに信仰を深めたい方は、仏・法・僧の三宝への帰依を誓う「三帰誓願式」を受けることができます。三帰誓願者には、『仏説・正心法語』『祈願文①』『祈願文②』『エル・カンターレへの祈り』が授与されます。

植福《しょくふく》の会

植福は、ユートピア建設のために、自分の富を差し出す尊い布施の行為です。布施の機会として、毎月1口1,000円からお申込みいただける、「植福の会」がございます。

「植福の会」に参加された方のうちご希望の方には、幸福の科学の小冊子（毎月1回）をお送りいたします。詳しくは、下記の電話番号までお問い合わせください。

月刊「幸福の科学」

ザ・伝道

ヤング・ブッダ

ヘルメス・エンゼルズ

INFORMATION
幸福の科学サービスセンター
TEL. 03-5793-1727（受付時間 火〜金:10〜20時／土・日・祝日:10〜18時）
宗教法人 幸福の科学 公式サイト **happy-science.jp**